Un rostro
en el tiempo

Un rostro en el tiempo

Manuel Alfonseca

I■I EDELVIVES

EQUIPO DE ESPAÑA

Dirección Editorial
Departamento de Literatura GE

Dirección de Arte
Departamento de Diseño GE

Diseño
Manuel Estrada

Fotografía de Cubierta
Thinkstockphotos

© Del texto: Manuel Alfonseca
© De esta edición: Grupo Editorial
Luis Vives, 2012
ISBN original: 978-84-263-8615-1

EQUIPO DE BRASIL

Director Editorial
Lauri Cericato

Coordinadora del Departamento de Idiomas
Ana Luiza Couto

Editora Asistente
Eliana Bighetti Pinheiro

Gerente de Producción Editorial
Mariana Milani

Coordinadores de Producción
Caio Leandro Rios, Expedito Arantes

Coordinador de Diseño
Eduardo Evangelista Rodrigues

Editor de Diseño
Roque Michel Jr.

Maquetación
Carol Ohashi, Felipe Borba,
Marina Martins Almeida

Supervisora de Corrección
Lilian Semenichin

Correctora de Pruebas
Carina de Luca

Director del Departamento Gráfico
Reginaldo Soares Damasceno

Reservados todos los derechos. Cualquier forma de reproducción, distribución, comunicación pública o transformación de esta obra solo puede ser realizada con la autorización de sus titulares, salvo excepción prevista por la ley. Diríjase a CEDRO (Centro Español de Derechos Reprográficos, www.cedro.org) si necesita fotocopiar o escanear algún fragmento de esta obra.

Dados Internacionais de Catalogação na Publicação (CIP)
(Câmara Brasileira do Livro, SP, Brasil)

Alfonseca, Manuel
  Un rostro en el tiempo / Manuel Alfonseca. —
1. ed. — São Paulo : FTD ; Zaragoza, ESP :
Edelvives, 2015.

  ISBN 978-85-322-9956-7

  1. Literatura juvenil em espanhol I. Título.

14-06602   CDD-028.5

Índices para catálogo sistemático:
1. Literatura juvenil em espanhol   028.5

A - 842.165/23

UN DÍA EN LA SORBONA

—Supongo que todos ustedes saben que los viajes en el tiempo son imposibles.

El profesor Lavalle miró desafiante a los alumnos. Dos manos se levantaron. Una pertenecía a Marmaduke Smith, mi mejor amigo. La otra a Chantal Rouen, una chica rubia, muy guapa y muy inteligente, que no me caía muy bien.

Lavalle cedió la palabra a Smith, que había levantado la mano una fracción de segundo antes que Chantal. El profesor era muy detallista en estas cosas.

—Sí, señor Smith. ¿Qué desea decir?

Marmaduke se puso en pie.

—Quisiera hacer una corrección, profesor. El viaje en el tiempo sí es posible. De hecho, todos viajamos en el tiempo a razón de trescientos sesenta y cinco días cada año.

Lavalle fulminó a Smith con la mirada. Luego decidió tomarlo a broma y dijo a toda la clase:

—Gracias por la corrección, señor Smith. Repetiré la pregunta: supongo que todos ustedes saben que los viajes en el tiempo a velocidad no constante son imposibles.

La mano de Chantal Rouen se levantó de nuevo.

—¿Sí, señorita Rouen?

—¿Qué pasa con la congelación de seres humanos? ¿No es una forma de viajar en el tiempo?

—Yo diría que no, teniendo en cuenta que aún no se ha conseguido devolver la vida a un ser humano congelado.

Resonaron risas en la sala.

—Pero se ha hablado de descubrimientos muy recientes que podrían hacerla posible... —insistió Chantal.

—Se viene diciendo eso desde hace bastante más de un siglo —interrumpió Lavalle—. No confío en el optimismo de esos anuncios. Cuando lo vea, lo creeré.

—Pero, si se consiguiera, ¿no sería una forma de viajar en el tiempo?

—En cierto modo, sí —respondió Lavalle, de mala gana—. Supongamos que un hombre o una mujer se dejan congelar y que se logra devolverles la vida cien o doscientos años después. Desde su punto de vista, sería como si hubiesen entrado en una máquina del tiempo, para salir instantáneamente en el futuro. Pero este caso no es esencialmente diferente del de muchas personas que han permanecido en coma durante años y que cuando despertaron creían estar aún en la época en que perdieron el conocimiento. No hay duda de que, para ellos, esa experiencia fue indistinguible de un viaje en el tiempo. Pero no es a eso a lo que me refería, sino a los viajes hacia el pasado.

El profesor Lavalle miró a la clase con aire triunfal. Marmaduke Smith, que estaba sentado a mi lado, me dio un codazo y me susurró:

—Ahora va a hacer un anuncio importante.

—Señores y señoritas —dijo en ese momento Lavalle—. Tengo que hacerles un anuncio importante. —Hizo una pausa para mejorar el efecto y continuó—: Como saben ustedes, hoy, lunes diez de enero, es el primer día de clase del año 2089. Este año es muy importante para Francia y para la Sorbona, pero lo es más aún para la Facultad de Historia, donde todos ustedes están estudiando. Supongo que saben por qué.

Cien voces contestaron a la vez, formando una babel indescriptible. Pero Marmaduke Smith se levantó y exigió silencio con fuerte voz —Marmaduke es el delegado del curso—. Cuando logró que todos se callaran, contestó él mismo diciendo:

—Naturalmente que lo sabemos, profesor. Hace dos o tres años que los periódicos franceses no hablan de otra cosa. El próximo catorce de julio se cumple el tricentenario de la toma de la Bastilla, que tradicionalmente se considera el comienzo de la Revolución Francesa.

—Así es, señores. Por ello, en calidad de profesor de Historia Contemporánea, he decidido que dediquemos el próximo semestre al estudio detallado de ese período histórico.

De nuevo se alzaron voces en el aula, esta vez de protesta. Marmaduke exigió silencio por segunda vez y dijo:

—Pero, señor Lavalle, ¿vamos a dedicar todo un semestre a un período tan corto, que dura unos diez años y afecta principalmente a un solo país?

Los ojos del profesor chispeaban de gozo. Aún no había jugado su carta secreta.

—No me han dejado terminar, señores. Como les he dicho, los viajes en el tiempo son imposibles. Pero los últimos avances de la técnica han puesto a nuestra disposición una herramienta igualmente apropiada para el estudio del pasado. Han de saber, y este es el anuncio especial que quería hacerles, que, en consideración a las circunstancias extraordinarias de las efemérides que vamos a celebrar, uno de los primeros cronovisores disponibles en Europa ha sido asignado a nuestro departamento. Todos ustedes podrán utilizarlo para estudiar en profundidad uno de los aspectos del período revolucionario.

Antes de que el profesor terminara de hablar se había desencadenado una tormenta de voces. En esta ocasión, los esfuerzos de Marmaduke Smith por devolver el orden a la sala resultaron inútiles. Mis ojos recorrieron los rostros de mis compañeros y pude ver que estos se dividían en dos grupos: los que estaban encantados con la noticia, porque comprendían perfectamente de qué se trataba, y los que no habían entendido nada y estaban pidiendo información a sus vecinos de asiento. Afortunadamente, yo, Isidro Gómez, me contaba entre los del primer grupo: era uno de los pocos de la clase que sabía lo que es un cronovisor.

Mis conocimientos sobre el tema se debían a que la ingeniería me ha atraído siempre. De hecho, aunque mis estudios en la Sorbona son eminentemente históricos, he procurado escoger asignaturas optativas que me mantuvieran al día en los últimos descubrimientos técnicos. Por eso sabía algo de esta nueva ciencia de la cronovisión, que puede abrir insospechadas posibilidades al estudio de la Historia.

Mucha gente recuerda aún los televisores que se utilizaban a finales del siglo XX en casi todo el mundo: aparatos provistos de una pantalla de rayos catódicos, sobre la que aparecía una imagen bidimensional formada por la superposición de tres imágenes elementales, cada una de las cuales tenía uno de los tres colores fundamentales: rojo, verde y azul. El conjunto de las tres formaba en la retina una imagen compuesta en la que daba la sensación que se percibían todos los colores posibles. Estos aparatos, que permitían recibir imágenes emitidas desde lugares muy lejanos en el espacio, han desaparecido del mercado desde hace más de medio siglo, pero cumplieron su papel antes de ser sustituidos por los aparatos tridimensionales más modernos, basados en láser y pantallas de cristal líquido.

Pues bien: los cronovisores vienen a ser el equivalente de aquellos televisores de hace un siglo. También proyectan una imagen bidimensional, pero en lugar de permitirnos ver lo que ocurre a gran distancia, nos muestran lo que sucedió en el pasado, hace cierto tiempo. Un cronovisor es, por tanto, una especie de máquina del tiempo, restringida a las imágenes y el sonido. Con estos aparatos podemos ver y oír sucesos de épocas pasadas, pero no podemos viajar hasta allí ni actuar en otros tiempos de ninguna manera.

Naturalmente —no hace falta decirlo—, no sirven para ver el futuro. Porque su funcionamiento se basa en la reconstrucción de imágenes pasadas a partir de los residuos de las ondas que dichas imágenes produjeron, residuos que todavía persisten al cabo de muchos cientos de años. La reconstrucción de las ondas originales es extremadamente difícil, pero la técnica ha avanzado a pasos de gigante en estas últimas décadas, hasta el punto de que ahora es posible obtener imágenes en color bastante claras. A menudo se ven interferencias, y desde luego, se obtienen peores imágenes cuanto más tiempo hace de los sucesos que se desea observar, pero a la distancia de trescientos años —como en el caso de la Revolución Francesa— los resultados son bastante aceptables.

La dificultad de su construcción hace que el número de máquinas disponibles sea muy restringido, por lo que la posibilidad de utilizar una exclusivamente en nuestro departamento era una suerte extraordinaria. Eso explicaba el revuelo que la noticia del profesor Lavalle había producido entre los estudiantes que sabían lo que era un cronovisor.

Lavalle contempló con una sonrisa irónica el desorden que habían provocado sus palabras. Después dio algunos golpes fuertes sobre el pupitre para exigir silencio y dijo:

—Me alegro de que les parezca bien la oportunidad. Pero antes de que den rienda suelta a su imaginación, quiero hacerles una advertencia. El uso del cronovisor estará estrictamente reglamentado. Ustedes podrán utilizarlo para estudiar cuestiones históricas de la Revolución Francesa, pero queda rigurosamente prohibido espiar la vida privada de las personas que vivieron en otra época. Solo podrán observarles durante sus actividades públicas, como discursos, conversaciones sobre temas políticos o sociales, y situaciones semejantes. Si descubro que alguno de ustedes falta a estas reglas, será automáticamente excluido del uso del aparato. Y ya pueden imaginar lo que esto significa.

—¡Adiós, aprobado! —dijo uno de mis compañeros, con voz meliflua.

—No he dicho eso, señor Rinaldi. Pero es cierto que será muy difícil aprobar el curso sin presentar un trabajo final aceptable, y para ello es preciso utilizar el cronovisor.

La clase se dio por terminada pocos instantes después, pero yo sabía que las palabras de Lavalle servirían de tema de conversación durante mucho tiempo.

* * *

No tuve que esperar mucho para comprobarlo. Mientras comía en el restaurante de la Sorbona con Marmaduke Smith y con Irma Hempelmann, una muchacha pecosa y pelirroja que también asistía a nuestra clase, no hablamos de otra cosa. Sobre todo, la posibilidad de realizar viajes en el tiempo, que Lavalle había negado con tanto énfasis, despertaba nuestra imaginación. Irma fue la primera en romper el fuego:

—¿No dijo alguien que el viaje en el tiempo es imposible porque se rompería la continuidad de la curva espacio-tiempo de los átomos?

—Creo recordar que C. S. Lewis propuso ese argumento a mediados del siglo XX en una novela de ciencia ficción —dijo Marmaduke—. La idea era la siguiente: supongamos que yo viajo hacia el pasado, que retrocedo cien años. Consideremos uno de los átomos de carbono de mi cuerpo. Ese átomo existía ya hace cien años, solo que estaba en otro lugar, quizá en la atmósfera o formando parte de algún ser vivo. Al trasladarme yo hacia el pasado, el mismo átomo estará en dos sitios a la vez. Entonces ese átomo puede salir de mi cuerpo, por ejemplo, a través de la respiración en forma de anhídrido carbónico. Aunque yo regrese a mi tiempo, el átomo se quedará en el pasado y durante cien años seguirá estando en dos sitios a la vez, hasta que uno de los dos desaparezca bruscamente al llegar el instante en que yo emprendí el viaje. De modo que el principio de la conservación de la energía habrá sido violado.

Irma movió la cabeza.

—No lo has explicado muy bien, pero creo que he captado la idea. De acuerdo. ¿Crees que el argumento es válido?

—No lo sé —respondió Marmaduke.

—No puede serlo —intervine yo—, porque ese argumento se opone también a la transferencia de materia, que todos sabemos, por experiencia propia, que es posible.

—No sé lo que quieres decir, Gómez —comentó Marmaduke con impaciencia.

—Vamos a ver si sé explicarme. Todas las mañanas, cuando vengo a clase aquí, a la Sorbona, salgo de mi casa en Madrid y me dirijo a la estación de transferencia de materia más próxima, a tres manzanas de distancia. Entro en una de las cabinas y tecleo las coordenadas del lugar de destino, que no es otro que la estación de transferencia situada en este edificio. Cuando la cabina se pone en marcha, mi cuerpo se desintegra y vuelve a integrarse en una de las cabinas de aquí. Pero los átomos que lo forman no son los mismos, han sido extraídos del almacén de elementos químicos que está anexo a cada estación de transferencia. Sin embargo, todos y cada uno de esos átomos están situados, unos respecto a otros, exactamente en la misma relación en que estaban los que componían mi antiguo cuerpo. Por tanto, mi mente funciona exactamente igual y mi memoria sigue siendo la misma. De alguna forma que no sé explicar, mi espíritu se asocia también al nuevo cuerpo y yo aparezco aquí, en París, en el mismo instante en que dejo de existir en Madrid.

—No hay nada paradójico en ello —continué—. Durante mi vida normal, mis átomos están cambiando continuamente. Mi cuerpo a los veinte años está formado por átomos muy distintos de los que tenía a los diez. Cuando cumpla los treinta, mis átomos habrán cambiado de nuevo. La transferencia de materia no hace más que realizar, en un solo instante, lo mismo que me está ocurriendo poco a poco durante toda mi vida.

—Todo eso ya lo sabemos —interrumpió Marmaduke—. ¿Qué tiene esto que ver con los viajes en el tiempo?

—En el caso de la transferencia de materia, la curva espacio-tiempo de los átomos no pierde su continuidad. Los átomos que yo tenía en Madrid se quedan en Madrid, no se trasladan bruscamente a París. Cuando vuelvo a casa por la tarde, los átomos que componían mi cuerpo en París se quedan en París, no se vienen conmigo a Madrid. Pues bien, puesto que es posible viajar en el espacio mediante este método, ¿no se podría hacer algo parecido para viajar en el tiempo? Así el argumento de C. S. Lewis no se aplicaría. Al viajar hacia el pasado o hacia el futuro, dejaríamos aquí nuestros átomos y los sustituiríamos por otros, extraídos de la materia que existe en el tiempo hacia el que nos dirigimos. Podríamos tener estaciones de transferencia de materia en distintas épocas de la historia, como las tenemos en distintos lugares del globo.

—No dejes volar tu imaginación —dijo Marmaduke—. El argumento de C. S. Lewis no será válido, por esas u otras razones, pero hay otros que sí lo son.

—¿Como cuál? —preguntó Irma.

—El argumento clásico es la paradoja del cambio del pasado. Si yo pudiera viajar hacia atrás en el tiempo, no habría nada que me impidiera retroceder unos pocos años y matar a mi padre antes de que me engendrara. Pero entonces yo no habría nacido, con lo que no podría viajar en el tiempo para matar a mi padre. Pero entonces él viviría y podría llegar a engendrarme, por lo que yo nacería y podría regresar en el tiempo para matarle... y así sucesivamente.

—Pero los escritores de ciencia ficción han encontrado formas de escapar de la paradoja —dije.

—No tienen más remedio —repuso Irma—. Los viajes en el tiempo son uno de sus temas favoritos desde que H. G. Wells publicó *La máquina del tiempo*. Si aceptaran la paradoja, no podrían escribir el libro. ¿Te acuerdas de algún caso concreto, Gómez?

—Una vez leí una novela de Poul Anderson donde sostenía que el pasado puede cambiarse. En ese caso, el hombre podría viajar hacia atrás en el tiempo y, siendo libre, hacer cosas imprevistas, como matar a su propio padre antes de que le engendre. Pero, si lo hace, el futuro cambiará. En ese nuevo universo que él ha creado con su acción, él no llegará nunca a nacer. Simplemente aparecerá de la nada en el instante del tiempo que eligió cuando emprendió el viaje hacia el pasado.

Marmaduke Smith movió la cabeza.

—Me parece muy rebuscado.

—Pues los hay más raros todavía. Fíjate en este de Fred Hoyle: según él, en cada instante se producen infinidad de alternativas, cada una de las cuales ocurre realmente. Por ejemplo, en el año 49 antes de Cristo, Julio César cruzó el Rubicón y con ello desencadenó la guerra civil en Roma. Pues bien: según Hoyle, en ese instante el universo se bifurcó. En otro universo paralelo, César no cruzó el Rubicón y, a partir de ese momento, las cosas comenzaron a ir por otro camino. Si esto fuera verdad, existiría simultáneamente un número inmenso de universos que se ramifican unos de otros cada vez que algo podría haber sucedido de otra manera. Entonces, si una persona viaja hacia atrás en el tiempo y mata a su padre, simplemente ha pasado de un universo a otro. No hay paradoja, porque en el nuevo universo en que se ha introducido, su padre no llegó a engendrarle y esa persona no nació. Pero, naturalmente, ya no puede regresar a su universo original. Está exiliado para siempre en un mundo diferente.

—Como artificios literarios, estas cosas están muy bien —dijo Marmaduke—. Pero la realidad es mucho más simple: los viajes en el tiempo son imposibles, como ha dicho Lavalle.

Habíamos terminado de comer y era hora de regresar a clase, de modo que la conversación acabó en este punto. Pero yo seguí pensando en ello durante toda la tarde.

EL CRONOVISOR

En la clase siguiente, Lavalle explicó el procedimiento que seguiríamos para utilizar el cronovisor. La pantalla era bastante pequeña y no teníamos tiempo ni medios para conectar una mayor, por lo que la visión en grupo no sería posible. Cada uno de nosotros tendría que realizar un proyecto personal. Como éramos muchos y el tiempo de utilización del aparato era muy limitado, nos veríamos obligados a repartírnoslo. Cada alumno podría utilizarlo durante una hora cada dos semanas, lo cual no era, ciertamente, suficiente para nuestros proyectos. A la vista de estas restricciones, no era factible obtener una visión global de la Revolución Francesa, por lo que Lavalle nos aconsejó que nos especializáramos.

—Les recomiendo que cada uno de ustedes «adopte» a un personaje concreto, uno de los grandes nombres de aquella época, y que le siga exclusivamente a él.

Naturalmente, en cuanto se acabó la clase comenzaron las discusiones. Todos querían elegir a los personajes más importantes, como Robespierre, Danton o Luis XVI. El problema era que el profesor había decidido que no podría haber más de tres alumnos estudiando a cada uno de ellos. El motivo era obvio: ¿qué clase de estudio de la Revolución podríamos realizar si todos seguíamos a las mismas personas y obteníamos exactamente los mismos datos? Pero esta limitación dio lugar a una fuerte competencia por apuntarse a los mejores nombres. Algunos de mis compañeros casi llegaron a las manos.

—Yo voy a seguir a Charlotte Corday —anunció Chantal Rouen, que caminaba a mi lado, mientras nos dirigíamos hacia la estación de transferencia de materia para volver a casa.

—Entonces no vas a tener mucho trabajo —repuse—. El papel de esa joven en la Revolución fue mínimo. Solo se la conoce por ser la asesina de Marat.

—Te equivocas. Será más difícil estudiarla a ella que a otros, mucho más nombrados. Yo quiero descubrir qué fue lo que impulsó a esta chica de veinticinco años a viajar a una ciudad lejana con el único propósito de asesinar a un hombre a quien no conocía. Quiero llegar a desvelar los secretos de su mente, las causas de su terrible decisión.

—No creo que descubras esas cosas en el cronovisor.

—Pues voy a intentarlo.

Durante unos momentos seguimos andando en silencio.

—¿Y tú? —me preguntó de pronto Chantal—. ¿A quién vas a seguir?

—No estoy seguro todavía. Pero creo que me decidiré por Camille Desmoulins.

—¿Te parece más importante que Charlotte Corday?

La voz de Chantal me sonó a burla.

—Al menos está presente en muchos de los hechos principales de la Revolución. Siguiéndole podré hacerme una idea bastante buena del conjunto.

—Y como es poco conocido, no tendrás que pelearte con nadie para conseguir que te lo asignen.

No le contesté. Me molestaba el tono de suficiencia de esta chica. Poco después llegamos a la estación y nos separamos.

No me costó ningún trabajo conseguir que me asignaran a Camille Desmoulins. Chantal tenía razón, nadie parecía muy interesado por él. En cuanto a Marmaduke Smith, estaba radiante. Había conseguido que le asignaran a Maximilien Robespierre.

—Ya podéis despediros todos del sobresaliente —nos decía, con aire jactancioso—. Es mío.

A mí me daban igual sus bromas. Después de todo, no era esta mi asignatura favorita y me contentaba con el aprobado. La idea de utilizar el cronovisor para seguir a un personaje histórico no me había emocionado tanto como a algunos de mis compañeros, Marmaduke y Chantal, por ejemplo. Para mí era un simple trabajo de curso, igual que todos los demás. Lo único que me atraía era la posibilidad de investigar el funcionamiento del cronovisor, es decir, el lado técnico del asunto. Pero no tenía muchas esperanzas de que me dejaran meter las manos en las interioridades del aparato.

Me tocó utilizar el cronovisor cada dos jueves por la tarde, de tres a cuatro. No era una hora muy buena, pero tenía que conformarme. Las sesiones iban a comenzar el lunes siguiente, diecisiete de enero. A mí no me llegaría el turno hasta el veintisiete. Prácticamente todo el mes perdido.

Se nos permitiría utilizar la máquina hasta finales de mayo, con el fin de presentar el trabajo final de curso durante el mes de junio. Calculé que, entre fiestas y vacaciones, solo dispondría de ocho sesiones de cronovisor. Tenía que planificar muy bien a qué iba a dedicar cada una de ellas. Una hora escasa de observación del pasado daba para muy poco.

El lunes comenzaron los problemas. El cronovisor era una máquina muy delicada. Resultaba difícil ajustarlo exactamente a la fecha y hora pedidas. A veces pasaba casi media hora hasta que conseguías sintonizar lo que te habías propuesto, y cuando comenzabas a ver algo interesante se acababa el tiempo y un compañero venía a echarte del aparato con cajas destempladas, porque cada minuto que tardaras en dejarlo era un minuto perdido para él. Muchas amistades se rompieron por culpa de esto. Pronto nos dimos cuenta de que el cronovisor estaba destruyendo poco a poco la concordia entre los estudiantes de Historia Contemporánea, aunque no suponíamos que las cosas iban a llegar a semejantes extremos. Sin embargo, no hablaré más de esto por ahora. No quiero adelantar acontecimientos.

Por fin llegó el veintisiete de enero, mi primera sesión con el instrumento. Todavía no había hecho un plan detallado de lo que deseaba observar a lo largo de todo el curso, pero conocía muy bien las coordenadas que iba a intentar sincronizar el primer día: el domingo doce de julio de 1789, a las tres de la tarde, frente al Palacio Real de París. Para mi personaje era la fecha crucial. Su primera aparición en público como impulsor de la Revolución.

En realidad, podría haber seguido la carrera de Camille Desmoulins desde mucho tiempo atrás. Podía haberle buscado en el colegio Louis-Le-Grand, en la calle de Saint-Jacques, del que fue alumno y compañero de Robespierre. Podía haberle visto dar los primeros pasos como abogado, después de terminar sus estudios, cuando todo el mundo predecía que iba a fracasar por completo debido a su gran defecto: era tartamudo. Pero no tenía tiempo para tantos detalles. Era preciso ceñirme a lo esencial.

La situación el doce de julio era ya desesperada. La bancarrota de las arcas del estado, debida a los gastos públicos excesivos realizados por los sucesivos gobiernos y la corte de Luis XVI, había impulsado a este a tratar de eliminar los privilegios de la nobleza y el clero, que estaban exentos de pagar impuestos. Ante la negativa de estos, el Rey se vio obligado a convocar los Estados Generales, asamblea de 1139 diputados procedentes de todo el país, que no se habían reunido desde 1614, más de siglo y medio atrás.

Los Estados Generales se reunieron el martes cinco de mayo de 1789. Desde el principio se vio que aquello se iba a convertir en un enfrentamiento entre los diputados del tercer estado (el pueblo llano, comerciantes y burgueses sobre todo), a los que se habían unido muchos nobles y miembros del clero, partidarios de las reformas, y los diputados conservadores, partidarios del Antiguo Régimen y del mantenimiento de los privilegios feudales.

El miércoles diecisiete de junio de 1789, los diputados del tercer estado deciden constituirse en Asamblea Nacional, afirmando ser los verdaderos representantes del pueblo, puesto que el noventa y siete por ciento de la población de Francia pertenecía al tercer estado. Viendo que las cosas se escapaban de sus manos, Luis XVI trató de disolver los Estados Generales. Primero hizo clausurar la sala de reuniones, pero los diputados se trasladaron a la sala del juego de pelota y juraron no disolverse antes de haber dado a Francia una constitución. El martes 23 de junio, Luis XVI acepta la situación y les permite reunirse de nuevo en el lugar acostumbrado, pero trata de imponer que las votaciones se resuelvan por estados, no por votos. Es decir: la decisión de los nobles cuenta como un voto, la del clero como un segundo voto y lo mismo para el tercer estado. De esa manera, se aseguraba que los nobles y el clero, que componían menos de la mitad de la asamblea, pudieran salirse siempre con la suya.

El tercer estado se niega a aceptar esas reglas de juego y rechaza abandonar la sala. Cuando se les conmina a salir de allí, el conde de Mirabeau que, aunque noble, ha sido elegido representante del tercer estado, se pone en pie y grita:

—¡Decid a vuestro amo que estamos aquí por voluntad del pueblo y que no saldremos más que por la fuerza de las bayonetas!

Por fin, el sábado, Luis XVI cede y ordena al clero y a la nobleza que se reúnan con el tercer estado. Pocos días después, el jueves nueve de julio, la Asamblea Nacional se transforma en Asamblea Constituyente.

Pero el pueblo de París no las tiene todas consigo. Cuando el domingo doce de julio se corre la voz de que el Rey ha cesado al primer ministro Necker y que se están concentrando tropas en los alrededores de la capital, estalla la cólera. La cosa se complica aún más porque ha sido un año de mala cosecha, escasea el trigo, y el pan, alimento fundamental del pueblo, sube de precio sin cesar. El ambiente parece un polvorín a punto de explotar.

A las tres en punto de la tarde tomé posesión del cronovisor. Afortunadamente, no tuve problemas con el compañero del turno anterior, que se había pasado toda la hora tratando de conectar la máquina con el momento y lugar que deseaba ver, sin conseguirlo. Estaba furioso: una sesión entera desperdiciada. No era un augurio muy bueno para mí, pero a pesar de todo me senté ante los controles con ánimo optimista.

El cronovisor no me decepcionó. Solo tardé cinco minutos en sincronizarlo. Ante mis ojos apareció la fachada del Palacio Real, en cuyos jardines se estaba reuniendo una gran multitud. La exasperación reinaba por doquier. Hombres y mujeres hablaban unos con otros a gritos, haciendo gestos violentos con los bastones, subiéndose encima de las sillas que muchos habían tenido la precaución de traerse.

Con la mano apenas apoyada en el control de ajuste fino del aparato, voy cambiando poco a poco el sincronismo de manera que la escena que se ve en la pantalla se desplace lentamente a lo largo de la fachada del palacio. No conozco el lugar exacto donde aparecerá mi personaje, por lo que tengo que buscarlo.

De pronto surge ante mis ojos algo que atrae mi atención y que reconozco, a pesar de no haberlo visto nunca. Por la derecha de la pantalla acaba de entrar una multitud más numerosa de lo que pudiera imaginar. Alguien coloca una mesa contra las rejas del palacio y un hombre se sube a ella. En la mano lleva una pistola. Es Camille Desmoulins, el personaje que he elegido.

Por un momento su voz se pierde entre los gritos de la multitud. Después, lentamente, se hace el silencio y comienzo a distinguir sus palabras. No tartamudea. Habla con un énfasis y una seguridad desacostumbrados en él. Son las típicas arengas políticas: que el Rey quiere disolver la Asamblea Constituyente, que hay que defender a toda costa la libertad...

De pronto, Camille Desmoulins hace un gesto de desafío. Blande su pistola y grita:

—¡No me cogerán vivo! ¡Sabré morir gloriosamente!

Todos los presentes lanzan simultáneamente un alarido. Se oyen llamadas a las armas, gritos pidiendo libertad.

Camille Desmoulins mueve los brazos exigiendo silencio. Durante más de cinco minutos, nadie le hace caso. Pero al fin se callan. Sus palabras vuelven a oírse.

—¡Tenemos que defender la libertad! —grita con voz tonante—. ¡Parisinos! ¡Debemos unirnos todos en su defensa!

Una nueva aclamación le interrumpe. Esta vez el ruido se apaga más aprisa. Todos están igualmente ansiosos por oír las palabras del orador.

—Necesitamos un símbolo para reconocernos unos a otros y distinguirnos de nuestros enemigos. Os propongo este: una hoja verde en el sombrero.

La multitud enardecida arremete contra los árboles del jardín del palacio. Todos quieren apoderarse de una hoja, pero no hay bastantes para todos. Las ramas de los árboles se van quedando desnudas como si un otoño inesperado se hubiese adelantado varios meses.

Aunque el grupo de personas que le rodea se ha hecho menor, Camille Desmoulins sigue lanzando arengas, pero nadie le escucha. Yo tampoco. Mis ojos están clavados en una esquina de la pantalla, donde la disminución de la multitud ha dejado al descubierto a una joven, casi una niña, cuyo rostro me fascina. Veo unos ojos enormes, una cara algo triste, una boca entreabierta y una expresión de adoración indecible mientras mira fijamente a Camille

Desmoulins, cuyos pies están casi al nivel de su cabeza rubia.

Una mano se posa en mi hombro.

—Gómez, tu turno ha terminado. Déjame usar el cronovisor.

Sin darme cuenta, me levanto del asiento y me dejo empujar a un lado. Mis ojos siguen fijos en ese rostro y no se separan de allí hasta que las manos de mi compañero, tocando los controles, hacen que la imagen se borre. Entonces salgo de la sala y me muevo sin rumbo fijo, tropezando con todo el mundo, dejando tras de mí una estela de imprecaciones. En ese instante no vivo en el presente, sino trescientos años atrás.

EN BUSCA DE UN SUEÑO

Durante las dos semanas siguientes estuve obsesionado por aquellos ojos, por el rostro de la muchacha que había podido ver solo un momento al final de mi primera sesión con el cronovisor. Inútil fue repetirme a mí mismo que mi actitud era absurda. Inútil recordarme que jamás la vería personalmente, que ella había muerto, probablemente de vieja, cientos de años atrás. Llegué a imaginar que esta chica podía haber sido la abuela de la tatarabuela de mi tatarabuela, aunque, que yo sepa, no tengo antepasados franceses.

Todo fue en vano. No podía quitármela de la cabeza. Durante muchos días me costó trabajo concentrarme en los estudios, no me apetecía leer libros, ni siquiera por placer, dormí mal y apenas comí nada. Mi salud comenzó a resentirse. Mis pensamientos giraban continuamente en torno a misterios como el nombre de la muchacha, sus gustos, su familia y sus relaciones con Camille Desmoulins. Cosas que seguramente jamás llegaría a conocer. Porque la razón me decía que lo más probable era que no volviese a verla en las siete u ocho sesiones de cronovisor que me quedaban.

Los catorce días que me vi obligado a esperar antes de poder sentarme por segunda vez frente al cronovisor se me hicieron eternos. La fugaz aparición de la muchacha en la pantalla había desquiciado mis proyectos. Tenía hecho un esbozo de plan, que distaba mucho de ser completo, pero que iba siguiendo a grandes rasgos la participación de Desmoulins en los sucesos de la Revolución. Ahora todo eso había pasado a segundo plano. Mi mente obsesionada buscaba, no los momentos más señalados desde el punto de vista histórico, sino aquellos en que tendría más probabilidades de volver a ver a la muchacha. Llegué incluso a sentir la tentación de abandonar totalmente a mi personaje para seguirla, para concentrarme en ella por completo. Pero resistí. Eso era demasiado. Además, si alguien descubría lo que estaba haciendo podían prohibirme usar el aparato.

Por último decidí sincronizar el catorce de julio, el día del asalto a la Bastilla. No se tenía constancia de que Camille Desmoulins hubiese participado en aquello, mucho menos de que vería allí a la muchacha, pero su proximidad en el tiempo a la sesión anterior me daba ciertas esperanzas. Además, si encontraba allí a mi personaje, habría hecho un descubrimiento histórico.

Al fin llegó el día diez de febrero. De nuevo me tocaba utilizar el cronovisor, pero tenía que esperar a que dieran las tres de la tarde. Esa mañana no me aprovecharon nada las clases de la Sorbona.

La sesión fue un fracaso completo. A las tres en punto eché a mi predecesor con cajas destempladas y me senté ante los controles. Perdí media hora tratando de sincronizar el lugar y el momento exactos: las dos y media de la tarde del martes catorce de julio de 1789. Por fin apareció ante mis ojos aquel edificio imponente, que ya no existe. Con sus murallas de veinticuatro metros de altura, la fortaleza-prisión dominaba todo el barrio de París.

Enfoqué cuidadosamente la pantalla para ver la puerta y parte del patio interior. Por todas partes reinaba el caos. El gobernador De Launey acababa de dar orden de hacer fuego contra la multitud, ante el cariz que tomaban las cosas y la inutilidad del diálogo. Vi hombres caídos, ensangrentados. Vi que los defensores de la Bastilla hacían rodar los cañones para utilizarlos contra el pueblo enfurecido. Pero había allí demasiada gente y en el escaso tiempo de que disponía no podía mirar en todas partes a la vez. Por ningún lado vi la menor señal de Camille Desmoulins ni de la muchacha. Tal vez, después de lanzar a los parisinos a la lucha, el orador se había retirado prudentemente a segundo plano y los dejaba actuar solos. Me di cuenta inmediatamente de que la escena que estaba viendo era demasiado brutal y violenta. Indudablemente, no estuvo, no pudo estar allí. Aunque es cierto que algunos de los asaltantes eran mujeres, y no precisamente los menos exaltados.

Mi turno se acababa. Toqué los controles para avanzar en el tiempo algo más deprisa, a saltos de un cuarto de hora, pero no vi nada que me interesara especialmente. A las tres de la tarde asistí a la desmoralización final de la guarnición de la Bastilla: acabo de ver cómo un destacamento de la guardia de Francia se ha unido a los asaltantes.

Poco después, el gobernador se rinde. La multitud no le perdona. Su cabeza, clavada en una pica, es paseada por toda la ciudad.

El compañero que tenía el turno siguiente no tuvo tiempo de impacientarse. Un minuto antes de las cuatro me levanté del cronovisor, cansado de buscar en vano a mis personajes. Dos semanas perdidas, pensé. Más del diez por ciento del tiempo que podría utilizar esta máquina infernal durante todo el curso. Comenzaba a odiar al cronovisor, considerándolo culpable de mis obsesiones.

De nuevo tenía que esperar otras dos semanas. Pero ahora estaba convencido de la enormidad de mis esfuerzos y sabía que tenía muy pocas probabilidades de lograr mis objetivos. El cronovisor era una máquina poco flexible, que había que manejar con muchas dosis de paciencia y tiempo en abundancia. Y eso era, precisamente, lo único de que no disponíamos.

La situación entre mis compañeros de clase era cada vez más tensa. La competencia por el tiempo de uso del cronovisor había impulsado a algunos a tratar de aumentar su propia parcela eliminando a sus colegas. Empezaron a oírse rumores de denuncias, más o menos fundadas. Se contaba que Fulano había ido a decirle al profesor que Mengano estaba faltando a las reglas, que había estado espiando la vida privada de su personaje. Parece ser que algún estudiante había llegado hasta el extremo de introducir subrepticiamente en la sala del cronovisor un aparato de vídeo, para conseguir pruebas para sus acusaciones. El ambiente de camaradería se estaba deteriorando rápidamente.

Mientras tanto, yo me dedicaba a estudiar con todo detalle la Revolución Francesa, especialmente en las cuestiones que afectaban al personaje que había elegido. Conscientemente, estaba tratando de alejar de mi mente la obsesión que me produjo la visión de aquella muchacha, y durante algún tiempo creí haberlo conseguido. Había decidido olvidarme de ella y ocuparme de actividades más relacionadas con el estudio y la investigación. Con esa intención, me propuse avanzar un poco en el tiempo y estudiar la participación de Camille Desmoulins en el club de los Jacobinos y en el de los *Cordeliers*[1], que tanta influencia tuvieron en los años posteriores a la Revolución.

Sin embargo, la víspera de mi tercera sesión con el cronovisor, se me ocurrió otra idea mejor. Avanzaría un poco más y trataría de localizar a Camille el día en que se decretó su arresto, como consecuencia de su campaña en favor de la abolición de la Monarquía y la instauración de la República. En efecto, después de la caída de la Bastilla, Camille había abandonado el ejercicio de la abogacía y se había dedicado por entero al periodismo. Sus primeras publicaciones, *La Francia Libre* y el *Discurso del Farol a los Parisinos*, que aparecieron en los primeros meses de la Revolución, dejaron muy clara su postura en favor de las reformas y la eliminación total del Antiguo Régimen. En septiembre de 1789 fundó un periódico famoso —*Las Revoluciones de Francia y de Brabante*— que se convirtió en el portaestandarte de las ideas republicanas. Sus ataques a la Monarquía arreciaron después del fracasado intento de fuga de la familia real, en junio de 1791, y fueron estos ataques los que movieron a la Asamblea Constituyente a

---

[1] *Cordeliers*: Franciscanos. Los clubs se llamaban así porque se reunían en antiguos conventos confiscados.

ordenar su arresto, junto con el de todos los miembros más importantes del club de los *Cordeliers*. Por entonces, la Asamblea no estaba aún preparada para aceptar la República: eso no llegaría hasta más de un año después.

El veinticuatro de febrero, a las tres en punto de la tarde, me senté por tercera vez ante el cronovisor. Conocía la fecha exacta en que se decidió el arresto de Camille, el viernes veintidós de julio de 1791, pero ignoraba la hora en que salió de su casa para esconderse en algún lugar desconocido, donde permaneció hasta que la Asamblea le concedió una amnistía, casi dos meses más tarde.

No tenía, por tanto, más alternativa que buscar a Camille en su casa y avanzar rápidamente en el tiempo hasta localizar el momento de su huida para seguirle hasta su escondite. Sabía que me exponía mucho, pues alguno de mis compañeros podía decidir que estaba irrumpiendo en la vida privada de Camille y denunciarme al profesor Lavalle. Al entrar había mirado cuidadosamente por la sala sin hallar ninguna cámara de vídeo oculta, pero algunas son tan pequeñas que es muy difícil descubrirlas. Sin embargo, decidí correr el riesgo, y en cuanto mi predecesor en el aparato salió de la habitación, traté de conectar el momento y el lugar adecuado.

Afortunadamente, mis investigaciones me habían permitido averiguar la dirección donde vivía Camille en París en julio de 1791. Esta vez el cronovisor se portó bien y me dejó sincronizar rápidamente. En la pantalla apareció el rostro inconfundible de mi personaje, en su casa, paseando como un león enjaulado. Sin duda tenía ya noticia de su arresto inmediato. En efecto, hacía ya cinco días que la guardia nacional había abierto fuego en el Campo de Marte sobre una multitud de varios millares de personas que se manifestaban pidiendo la República, matando a cincuenta e hiriendo a muchos centenares. La orden de detención de los republicanos más importantes tenía que llegar de un momento a otro.

Para minimizar en lo posible el tiempo perdido, y también para que nadie pudiera creer que estaba tratando de espiar a Camille en sus momentos de intimidad, avancé a saltos cortos, de unos diez minutos, reduciendo la duración de cada conexión a unos pocos segundos. Afortunadamente, pocos minutos después descubrí que Camille ya no estaba solo. Otros dos hombres estaban con él. Evidentemente, acababan de llegar, pues uno de ellos se estaba despojando del sombrero.

Sincronicé el sonido y pude escuchar lo que decían:

—Debes salir de aquí cuanto antes —decía uno de los recién llegados—. La Asamblea acaba de decretar tu detención.

—Hemos venido en cuanto hemos podido —añadió el otro.

—¡Está bien! —exclamó Camille—. Lo que ha de ser, ha de ser. Tendré que esconderme.

Al parecer, lo tenía todo preparado. Tomó un maletín, se puso la chaqueta, se anudó al cuello un pañuelo a pesar del calor veraniego y se dirigió a la puerta de la casa. Yo coloqué las manos sobre los controles de ajuste fino y me dispuse a seguirle.

No fue fácil. El cronovisor podía manejarse con bastante seguridad cuando se tenía bien sincronizado el momento y el lugar. Un control automático permitía fijar las coordenadas espacio-temporales de manera que la imagen que aparecía en la pantalla permaneciera clavada en un punto determinado, mientras la sincronización temporal iba cambiando en tiempo real, es decir, al mismo ritmo que el paso del tiempo. Pero ahora tenía que cambiar continuamente el ajuste para seguir a tres personas en su deambular por las calles del viejo París.

En varias ocasiones creí haber perdido la pista de Camille y de sus dos acompañantes. Pero siempre, cuando estaba a punto de desesperarme, volvía a verlos calle arriba, o bien justo en el momento de dar la vuelta a alguna esquina. Por fin, cuando mis nervios estaban a punto de ceder, los vi entrar en un portal. El viaje no había durado más de tres o cuatro manzanas, pero para mí la prueba había sido terrible. Sin embargo, me sentí orgulloso del éxito y pensé que me estaba convirtiendo en un experto en el manejo del cronovisor. ¿Cuántos de mis compañeros habrían sido capaces de repetir lo que yo había hecho?

Sincronicé el aparato con el interior de la escalera y así pude descubrir que los tres hombres que perseguía habían subido hasta el tercer piso. En el momento en que los localicé de nuevo estaban llamando a una puerta. Este debía de ser el escondite donde Camille se había ocultado para evitar ser detenido durante aquellos dos meses. Ahora conocía su dirección. No había encontrado ese dato en mis investigaciones y me alegré al pensar que, por primera vez, había hecho un descubrimiento histórico. Mi uso del cronovisor había quedado justificado y el profesor Lavalle tendría que reconocerlo.

Desviando por un momento los ojos de la pantalla, por primera vez desde el comienzo de la conexión, miré el reloj situado en la pared, justo encima del cronovisor. ¡Eran las tres y media! Tenía aún la mitad del turno por delante. Esta vez había aprovechado bien el tiempo.

En ese preciso momento se abrió la puerta y sentí que la cabeza me daba vueltas mientras mi vista se nublaba. Por un instante creí ver un fantasma. El rostro que apareció ante mis ojos, y que se ocultó rápidamente entre los vértigos que se apoderaron de mí, era el de la muchacha que había entrevisto cuatro semanas atrás, pero al mismo tiempo estaba extrañamente cambiado. Me costó bastante darme cuenta de la causa.

Para mí había pasado poco menos de un mes desde la última vez que la vi, pero para ella habían transcurrido dos años enteros. En ese tiempo, aquella muchacha, casi una niña, que el doce de julio de 1789 estuvo pendiente, como embrujada, de las palabras de Camille ante el Palacio Real, se había convertido en una mujer.

Con un esfuerzo tremendo me hice dueño de mí mismo y enfoqué de nuevo la vista en la pantalla, pero solo vi una puerta cerrada. Los recién llegados habían sido admitidos, sin duda, al interior de la casa. Con una rápida y furtiva mirada hacia atrás, me aseguré de que nadie me veía y sincronicé el aparato al otro lado de aquella puerta. Volvía a pisar terreno resbaladizo. Cualquiera que me viera en estos momentos podría pensar que estaba a punto de transgredir las reglas. Y quizá no se habría equivocado.

La vivienda era muy sencilla. Evidentemente, la familia que vivía allí no era especialmente rica, pero tampoco estaba en la pobreza. La puerta que daba a la escalera se abría directamente sobre la habitación más importante de la casa, que servía de vestíbulo y sala de estar. En esta habitación había en ese momento cinco personas: Camille, sus dos compañeros y dos mujeres. Una de ellas era la muchacha que me tenía fascinado; la otra, a juzgar por su edad aparente y su parecido con la primera, debía de ser su madre. Pronto descubrí que no me había equivocado.

Conecté el sonido y traté de fijar la atención en las palabras que decían. Al principio no lo conseguí. No podía quitar los ojos de la muchacha y mis dedos, situados permanentemente sobre los controles de ajuste fino, se movían de manera involuntaria para mantener la pantalla centrada sobre ella. Pero al fin, por los pocos retazos de la conversación que llegaron a mi consciencia o que quedaron grabados en mi memoria, pude deducir que no me había equivocado en mis suposiciones. Uno de los acompañantes de Camille era el dueño de esta casa, marido de una de las dos mujeres y padre de la otra. Además de avisarle de que su detención era inminente, le había ofrecido su casa para que le sirviera de escondite. Era aquí, en efecto, donde había permanecido hasta septiembre de 1791, sin salir jamás a la calle por temor de ser reconocido. Ese mismo día, Danton escapó a Inglaterra, Marat se refugió en un subterráneo y Robespierre, como Camille, buscó la protección de un amigo en un piso de la calle de Saint Honoré, donde siguió habitando hasta su muerte.

Durante media hora continué observando lo que ocurría en esos primeros minutos de exilio de Camille Desmoulins. Aunque en realidad sería mejor decir que, durante media hora, mis ojos no se apartaron del rostro de una muchacha cuyo nombre ignoraba y cuya voz no había oído jamás, puesto que no tomó parte alguna en la conversación que allí se desarrollaba. Sin embargo, mientras mi atención parecía estar fija en la pantalla, mi subconsciente permanecía alerta. Y en cuanto oí abrirse la puerta de la sala y vi entrar a mi compañero, mis manos se movieron rápidamente sobre los controles del cronovisor, cambiando las coordenadas del momento y el lugar del sincronismo. Así mi compañero no pudo ver nada anormal cuando posó sus ojos en la pantalla, mientras yo me levantaba para cederle el sitio.

Había visto por segunda vez a la muchacha de mis sueños. Pero ahora sabía donde encontrarla.

MARIE

Del veinticuatro de febrero al diez de marzo, día en que tuvo lugar mi cuarta sesión con el cronovisor, mis padecimientos crecieron hasta hacerse casi insoportables. Al principio no reconocí la extraña desazón que me embargaba como un torbellino de furores y preocupaciones que se hubiese apoderado de mí y se negara a dejarme libre. Pero poco a poco, a medida que sus efectos y sus motivos se hacían cada vez más claros y comprensibles, me di cuenta de lo que en realidad me pasaba: estaba celoso. Estaba estúpidamente celoso de un hombre que había muerto casi trescientos años atrás, por causa de una muchacha separada de mí por diez generaciones.

Cuando mis sentimientos abandonaron al fin las profundidades de mi subconsciente para hacerse perceptibles por mi mente despierta, al principio me sentí inclinado a reírme. ¡Todo aquello era ridículo! Pero pronto me percaté de que la cosa era mucho más grave de lo que yo creía. Por un momento pasó por mi imaginación la idea de ir a ver a un psiquiatra, pero me eché atrás al pensar en lo que tendría que contarle. Probablemente no me creería, o pensaría que mi caso era mucho peor de lo que realmente era, si le decía que estaba perdidamente enamorado de una muchacha que había vivido en el siglo XVIII. ¿Sería este el primer caso de la historia? Pero no. Había oído hablar de hombres que se habían enamorado de un retrato. La cosa era posible, como bien sabía yo por experiencia.

Decidí no consultar con nadie, pero al mismo tiempo estaba dispuesto a arrancar de mi alma ese amor absurdo que había nacido en ella. Sin embargo, todos mis esfuerzos resultaron vanos. Mis celos se hacían cada vez más violentos, hasta el punto de que estaba cobrando un odio mortal a Camille Desmoulins, que obviamente no podía devolvérmelo. No soportaba pensar que él podía verla a ella todos los días, mientras que yo me veía obligado a esperar con ansiedad una sola hora cada dos semanas. Además, la mirada que la muchacha le dirigió la primera vez que la vi, la forma en que estaba pendiente de sus palabras sin mover un párpado, no me auguraba nada bueno. Si ella estaba ya enamorada de él desde la niñez, ¿qué esperanzas me quedaban? Aunque, pensaba en mis breves momentos de cordura, ¿qué esperanza me quedaba en cualquier caso? Ella jamás llegaría a verme. Ni siquiera podría conocer mi existencia.

Dudé mucho de qué momento y lugar debía sincronizar en mi próxima sesión con el cronovisor. Un resto de conciencia profesional me decía que debía olvidarme de la muchacha y seguir la vida y andanzas de Camille, como me había propuesto en un principio. Pero pronto dejé de tratar de engañarme a mí mismo. No tenía sentido. Estaba muy claro que, pasara lo que pasara, no renunciaría a ella. En consecuencia, decidí volver a su casa, a pesar del riesgo que esto suponía, para tratar de sorprender alguna conversación que me diera algunos datos sobre mi amada, de la que ignoraba casi todo.

Me faltaba escoger el momento apropiado. Al parecer, Camille había permanecido oculto en su casa desde el veintidós de julio hasta el mes de septiembre, cuando la Asamblea Constituyente se disolvió, después de terminar su trabajo de más de dos años. Con ocasión de esto se promulgó una amnistía que permitió a los republicanos volver a la vida pública. Decidí, por tanto, sincronizar el cronovisor el sábado tres de septiembre de 1791, fecha en que la Asamblea aprobó la nueva Constitución.

El diez de marzo, a las tres de la tarde, me senté por cuarta vez ante el aparato. Con dedos temblorosos marqué las coordenadas y aguardé a que la pantalla se iluminara. ¡Estaba de suerte! Lo había conseguido al primer intento. Esta era la habitación que había visto dos semanas atrás.

Por un momento, el cuarto permaneció vacío. Luego vi entrar a tres personas y sentí una inmensa alegría: allí estaba la mujer de mis sueños. Sin embargo, fruncí el ceño al ver a Camille detrás de ella. Afortunadamente no estaban solos. Una muchacha, desconocida para mí, les acompañaba. Parecía tener la misma edad que la primera, o quizá ser un poco más joven. Supuse que sería su hermana o acaso una amiga.

Conecté el sonido, dejando el volumen lo más bajo posible, con el fin de evitar que alguien pudiera oírlo, y escuché la siguiente conversación:

—¿Sabes, Marie? Hoy es un día grande. La Asamblea votará la Constitución. Dentro de pocos días se disolverá y sin duda se decretará una amnistía y seré libre otra vez. Podré volver a casa. Por fin os dejaré tranquilos.

El que había hablado era Camille, y se dirigía a mi amada. Así supe su nombre.

Al oír sus palabras, Marie frunció los labios.

—No sé por qué dice usted eso, Monsieur Desmoulins. Bien sabe que estamos todos encantados de que esté aquí con nosotros. Puede quedarse el tiempo que quiera, aunque se proclame la amnistía.

Camille la miró a los ojos con una sonrisa sardónica. Por alguna razón, me dieron ganas de pegarle.

—¿De veras? Sin embargo, creo que no todos los miembros de tu familia opinan igual que tú.

—Sabe usted perfectamente que mi padre moriría en su lugar, si fuera necesario.

—Tu padre, sí. Pero ¿y tu madre?

Marie bajó la cabeza, sin contestar. Camille continuó:

—Aunque no lo reconozcas, sabes muy bien que tu madre está deseando que me marche.

La muchacha dirigió a su huésped una mirada triste. Parecía a punto de romper a llorar. Camille le dio unas palmaditas amistosas en la espalda.

—Es mejor que me vaya cuanto antes. Será mejor también para ti.

—¡Pero yo quiero que se quede!

Camille movió lentamente la cabeza sin contestar y salió de la habitación. Cuando las dos jóvenes se quedaron solas, Marie dio rienda suelta a su pena y estalló en sollozos, ocultando la cara entre las manos. La otra muchacha se acercó a ella y trató en vano de consolarla.

—¡Vamos, Marie! No llores. Camille no va a irse hoy. Además, seguirás viéndole. Seguramente vendrá a menudo a visitaros. Siendo amigo de tu padre...

—Pero ¿no te das cuenta? ¡No me quiere, Louise! No me quiere y no le importa no volver a verme.

—Cálmate. Llorando no vas a resolver nada. Además, me parte el corazón verte. Por algo soy tu mejor amiga.

Después de algunos sollozos, Marie siguió el consejo de Louise, sacó un pañuelo y trató de borrar de su rostro las señales del llanto.

—Tienes razón —dijo—. Soy una tonta.

En ese momento llamaron a la puerta: tres golpes secos, un silencio y un nuevo golpe. Evidentemente, una contraseña. Marie acabó de arreglarse apresuradamente y abrió la puerta. Entraron dos hombres. Uno de ellos era su padre. Al otro yo no lo conocía.

—Haz el favor, Marie, de llamar a Monsieur Desmoulins —rogó el padre de Marie.

—Ya voy yo —dijo Louise, que había captado la mirada de súplica que le dirigía su amiga, quien evidentemente no se sentía en condiciones de encontrarse de nuevo con Camille, después de la escena que acababa de ocurrir entre los dos.

Antes de que Camille se presentara, Marie buscó una excusa y salió de la habitación por otra puerta. En cuanto llegó el periodista, el padre de la joven avanzó hacia él con los brazos abiertos.

—¡Ya está! —exclamó, dándole un abrazo.

—¿Ya tenemos Constitución?

—Ya está aprobada por la Asamblea. Solo falta la firma del Rey.

—Y eso, ¿cuándo será?

—Dentro de una o dos semanas, a lo sumo. Después la Asamblea se disolverá y habrá elecciones para la nueva Asamblea Legislativa. Antes de que eso ocurra, y como despedida, se promulgará una amnistía. Pero sentémonos.

—Es curioso —intervino el otro recién llegado—. Han decidido que los diputados de la Asamblea Constituyente no podrán presentarse a las próximas elecciones. Esto significa que la Asamblea Legislativa estará formada por gente nueva.

—Es un error —dijo Camille—. Serán personas sin experiencia. Cometerán muchas equivocaciones al principio.

—Esperemos que aprendan pronto.

—¿Qué opinas de la Constitución? —preguntó a Camille el padre de Marie.

—Ya sabes que soy republicano. Esta Constitución no me gusta. Le deja al Rey demasiados poderes. Incluso puede vetar las decisiones de la Asamblea. Pero es mejor que nada.

—Para mí es un punto de partida —dijo el tercer hombre—. Algo que tendremos que cambiar más pronto o más tarde. Es muy difícil conseguirlo todo desde el principio. Hay que tener paciencia.

—Otro de los errores de la Constitución —dijo Camille— es que no establece el sufragio universal. Es una vergüenza que solo los ricos tengan derecho al voto. Creo que la Asamblea ha perdido una ocasión única. Pero la mayor parte de los diputados votó en contra de la propuesta de Robespierre. A propósito, ¿qué sabéis de él?

—Nada concreto. Ha desaparecido. Sin duda está oculto en algún sitio, como tú. Pero no sabemos dónde.

—Eso quiere decir que está bien escondido. Así el gobierno tampoco sabrá dónde encontrarle. ¿Y Danton?

—Sigue en Inglaterra, pero he oído que lo tiene todo preparado para regresar el mismo día en que se apruebe la amnistía.

—Esperemos que no tarde mucho.

—Es cuestión de días.

Camille se levantó y dio un paseo por la habitación a grandes zancadas.

—No puedo resistirlo más. Hace más de un mes que solo veo la calle a través de las ventanas. Necesito aire libre y libertad.

El padre de Marie le miró con gesto irónico.

—¿Ya te has cansado de nosotros?

—¡Por favor, no empieces tú también! Hace un rato he tenido una escena con Marie. Sabes muy bien que hay muchos motivos para que me vaya cuanto antes.

La sonrisa desapareció del rostro del padre de Marie.

—Sé a qué te refieres. Yo también me he dado cuenta.

—¿De qué habláis? —preguntó su compañero.

—De mi hija. ¿No te ha hablado Louise de lo que pasa? Al parecer está perdidamente enamorada de nuestro huésped.

—Algo he oído, en efecto. Mi hija y la tuya son íntimas amigas y Louise jamás descubriría sus secretos, pero a veces se le ha escapado alguna frase que me ha hecho sospechar.

—No es ningún secreto —dijo el padre de Marie—. Se le nota a tres leguas.

—Por eso debo salir de aquí cuanto antes —añadió Camille—. Ella es joven y pronto me olvidará. Pero la situación se está volviendo insostenible.

—¿Qué edad tiene Marie?

—Aún no ha cumplido los quince —respondió su padre.

—Igual que mi Louise.

—¿Qué piensas hacer cuando salgas? —preguntó el padre de Marie, para cambiar la conversación.

—No lo sé todavía. Con todo lo que ha pasado, mi periódico se ha ido al garete. No sé si volveré a ponerlo en marcha. Es un trabajo muy duro.

Meditó unos instantes, antes de continuar.

—Tal vez me dedique a reorganizar el club de los *Cordeliers* o el de los Jacobinos. Me gustaría colaborar con Danton. Es un gran tipo.

—A mí me parece que Robespierre tiene más futuro —dijo el padre de Marie—. No sabría decir cuál pueda ser la causa, pero creo que es mucho más popular. Desde luego, su aspecto físico es más atractivo. Tal vez eso lo explique. El pueblo se deja llevar más por las apariencias que por los hechos.

—En este caso, los hechos están también a su favor —repuso Camille—. Su defensa del sufragio universal le ha hecho ganar las simpatías de la gente. ¿Sabes cómo le apodan? *El incorruptible*. Nada menos.

—Sin embargo, prefieres colaborar con Danton.

—Me resulta más simpático. Hay algo en Robespierre que me produce una extraña sensación de rechazo. No sé cómo explicarlo. Cuando estoy con él no me siento a gusto. Nunca sé por dónde va a salir. Es como si estuviera en la misma habitación que una serpiente venenosa. Guardando las distancias, naturalmente.

—No conozco personalmente a Danton —dijo el padre de Louise—. Me gustaría que me lo presentaras.

—No te preocupes, lo haré a la primera oportunidad que tenga —respondió Camille.

Pendiente de la conversación, me había olvidado del reloj. En ese momento se abrió la puerta y entró el compañero que tenía el turno siguiente, Jan van Molen. Por un momento me asusté. Pero luego comprendí que no tenía nada que temer. En la pantalla solo había tres hombres hablando de política y uno de ellos era mi personaje. Nadie me podía acusar de nada.

Me levanté del asiento frente al cronovisor y cedí el puesto a Jan. Miró por un momento la pantalla y, sin decir nada, actuó sobre los controles. La sincronización se perdió. Salí de la habitación sin fijarme en las nuevas coordenadas. ¿Para qué? No me gustaba espiar a mis compañeros. Si alguno de ellos quería faltar a las reglas, allá él. Que otro le descubriera.

Salí de allí mucho más tranquilo de lo que había entrado. La escena que había visto y la conversación subsiguiente me habían sido muy útiles. Ahora conocía el nombre y la edad de mi amada, así como muchos detalles sobre su forma de vida y el ambiente en que se movía. Además, mis celos habían disminuido considerablemente después de oír al propio Camille declarar que Marie no le importaba lo más mínimo.

Naturalmente, esa era su opinión en septiembre de 1791. Con el tiempo, las cosas podían cambiar. Pero solo faltaban unos días para que se decretara la amnistía, después de lo cual sus relaciones con Marie serían mucho más fugaces. Me sentía, por tanto, francamente optimista. Pensándolo ahora, veo con claridad que me estaba portando como un imbécil.

DIARIO DE DOS SESIONES

A partir de este punto, los acontecimientos se precipitaron bastante, produciendo en mí una confusión tal que, de no ser porque por aquellos días tomé la decisión de llevar un diario de mis sesiones con el cronovisor, habría olvidado o mezclado todo lo que sucedió. Afortunadamente, dispongo del cuaderno y puedo recurrir a él para completar esta parte de la narración. En consecuencia, las páginas que siguen a continuación no son sino una copia literal de las anotaciones correspondientes de mi diario.

Veinticuatro de marzo:

Quinta sesión con el cronovisor. Avanzo un año respecto a la sesión anterior. Sincronicé el sábado once de agosto de 1792, a las tres de la mañana, en casa de Danton. No quiero perderme este momento tan importante, en el que además participa mi personaje. Cuando me conecto, Danton está durmiendo, agotado. Ha estado trabajando más de veinticuatro horas seguidas, moviendo los hilos para la nueva revolución, que ha tenido éxito. El rey ha sido destituido, la Constitución de 1791 ha quedado suspendida y la Asamblea Legislativa ha aceptado su propia disolución. En su lugar se crea una Convención Nacional de 750 miembros, elegidos por sufragio universal. La primera República francesa está a la vista.

Se abre la puerta bruscamente. Danton se incorpora, sobresaltado. En la entrada de la habitación aparecen dos hombres. Uno de ellos es Camille Desmoulins. Al otro le veo por primera vez, pero sé quién es, está en los libros de historia: es el poeta Fabre d'Églantine.

Danton no los ve con claridad. Yo tampoco. La pantalla está prácticamente a oscuras, a pesar de que he ajustado al máximo el control de contraste. Un poco nervioso, Danton pregunta:

—*¿Quién está ahí? ¿Qué pasa?*

Camille Desmoulins enciende una luz. Danton se incorpora. Puedo verle bien por primera vez. Es bastante feo. Rostro hinchado, que quizá está exagerado porque ha estado durmiendo, lleno de cicatrices antiguas y señales de la viruela. Es alto y muy corpulento. Habla siempre en voz muy alta. Tiene treinta y tres años, uno más que Camille.

Camille se aproxima a Danton y le abraza.

—*Acaban de nombrarte ministro de Justicia —dice.*

Es el principio del fin de la Monarquía. El primer paso hacia el terror.

Como solo he consumido diez minutos de mi turno, sincronizo la misma fecha en la habitación principal de la casa de Marie, a media tarde. Está vacía. Avanzo un día. Tampoco hay nadie. Avanzo una semana. Esta vez tengo suerte. Hay seis personas en la habitación. Reconozco a Danton, a Camille, al padre de Marie, al de Louise. Los otros dos me son desconocidos.

Retrocedo una hora, a saltos de diez minutos, hasta localizar el momento exacto de la llegada de Danton y Camille. Los demás estaban ya allí. Apenas puedo ver a Marie, que les abre la puerta, pero se retira enseguida al interior de la casa. Siento deseos de seguirla, pero me contengo, pues Marmaduke Smith ha entrado en la sala. ¿Acaso viene a espiarme?

Escucho la conversación. Se trata de una reunión política. No hay peligro. Veo que Danton y el padre de Louise no se conocían. Camille hace las presentaciones.

El padre de Marie pregunta a Danton por su esposa. «No está bien», responde. «Los médicos no acaban de encontrar remedio para su mal». Condolencias de todos los presentes.

No me interesa mucho lo que hablan. No me dice gran cosa. Están discutiendo la organización del Ministerio de Justicia. Camille Desmoulins ha sido nombrado secretario general del Ministerio. El padre de Marie tiene también un cargo. El de Louise, evidentemente, lo desea.

Estoy muy nervioso. Quiero buscar a Marie. ¿Cuándo se va a marchar Marmaduke?

Danton y sus amigos hablan de las elecciones a la Convención Nacional. Camille y él se presentan, así como Robespierre, que hace el papel de jefe de partido. Pero todo esto ya lo sabía. Estoy perdiendo el tiempo.

Desesperado, no hago más que lanzar miradas hacia Marmaduke. Espero que no se dé cuenta. Debo de parecer sospechoso. Por fin se marcha. Son las cuatro menos diez. Me quedan diez minutos. No hay tiempo para nada.

Avanzo otra semana, en la misma habitación. No hay nadie. El tiempo se agota. Es la última oportunidad. Avanzo otra semana: es el domingo dos de septiembre de 1792.

Por un momento me parece que todo es inútil. La habitación está vacía. De pronto llaman a la puerta. Marie sale a abrir.

Por fin la veo bien. Está algo cambiada, más mayor. Claro. Ya tiene quince años.

El que llega es su padre. Viene demudado. Como si hubiera visto un fantasma. Marie se asusta al verle.

—¿Qué ha pasado? —*le pregunta.*

—Los prusianos han tomado Verdún. Están a las puertas de París. Y la multitud enloquecida ha atacado las prisiones. Están asesinando a los presos, acusándolos de traidores. Gritan que los aristócratas y los sacerdotes refractarios[2] son los culpables de todo.

—Pero ¿qué hace el gobierno? ¿Qué dice Danton?

—Nada. No hacen nada. No quieren saber nada.

—Pero ¡eso es horrible!

—Así es. Yo no quiero tener nada que ver con ello. Acabo de presentar mi dimisión.

—Has hecho muy bien —*dice Marie, con energía.*

Su padre la mira fijamente a los ojos.

—No estoy seguro. Los ánimos están muy exaltados. Alguien podría ver en mi dimisión una señal de traición. Temo por vosotras.

—Tranquilízate. Has hecho lo que debías.

El padre de Marie se deja caer en un sillón y oculta la cara entre las manos.

—No sé lo que va a ser de nosotros. Las cosas van de mal en peor.

—¿Tú crees que estábamos mejor antes, con el Antiguo Régimen?

Su padre levanta la cabeza, alarmado.

—¡No, por Dios! No se te ocurra decir eso.

---

[2] *Refractarios:* Los sacerdotes que no quisieron jurar la constitución civil del clero.

—¿Por qué?
—No es verdad. Y es peligroso.
—No veo por qué. La Declaración de los Derechos del Hombre dice que todo el mundo puede publicar libremente sus ideas y sus opiniones.
—Una cosa son las palabras y otra los hechos.
Marie se asombra.
—¿Quieres decir que la declaración ya no se aplica?
—No se ha aplicado nunca. En realidad, no es más que una declaración de intenciones. Pero eso tampoco debes decirlo en voz muy alta. También podría considerarse traición.
Marie guarda silencio durante un rato. Luego pregunta:
—¿Qué va a hacer el padre de Louise?
—Se queda en el Ministerio. No quiere dimitir.
—¿Has hablado con él?
—Por supuesto. Yo le metí en esto.
—Sin embargo, su familia simpatiza con los curas refractarios. Yo lo sé. Louise me lo ha dicho.
—¿Qué quieres que te diga? Ha decidido quedarse y se quedará.
El padre de Marie se pone en pie y se dirige hacia el interior de la casa. De pronto se vuelve.
—¡Ah! No se te ocurra hablar de eso con nadie.
—¿Qué?
—Lo que acabas de decirme sobre la familia de Louise y los curas refractarios. Puede ser peligroso para ellos.
Después de estas palabras, sale de la habitación. Marie se queda sola.
—Como sigamos así, no vamos a poder hablar de nada —exclama en voz alta.
En ese momento, el reloj da las cuatro. Desconecto en el mismo instante en que entra Jan van Molen.

Catorce de abril:

Sexta sesión con el cronovisor. Esta vez he tardado tres semanas en volver a ver a Marie. Durante la semana de Pascua, la Sorbona ha estado cerrada y el profesor Lavalle decidió suspender las sesiones del cronovisor.

Me adelanto otro año respecto a la sesión anterior. Quiero ver a Marie a los dieciséis años. A medida que la veo crecer, hacerse mujer, estoy más enamorado de ella. Hace tiempo que he dejado de luchar contra esta pasión irresistible.

En un año han pasado muchas cosas. Por fin se ha proclamado la República. La Convención Nacional ha sustituido a la Asamblea Legislativa. La guerra ha cambiado de signo y los revolucionarios han obtenido sus primeras victorias. Luis XVI ha sido juzgado y ajusticiado. Meses después, su esposa María Antonieta sigue el mismo camino. La guillotina ha sido erigida en la plaza de la Revolución, antes llamada plaza de Luis XV, hoy plaza de la Concordia.

No todas las novedades son buenas. Ha estallado la guerra civil. Regiones enteras se han levantado en armas contra la República. Para contrarrestar la rebelión, se toman medidas durísimas, se cometen muchos abusos. Se destruyen los pueblos, sin respetar a mujeres ni a niños. Se mata a los prisioneros a cañonazos. Se crea el tribunal revolucionario, cuyos juicios son sumarísimos e inapelables y cuyas decisiones se ejecutan en veinticuatro horas. El partido de los Girondinos es expulsado de la Convención. Muchos de sus miembros son detenidos, algunos ajusticiados. Antes de ser guillotinada, Manon Roland, esposa del exministro Jean-Marie Roland, pronuncia las famosas palabras: «¡Libertad, cuántos crímenes se cometen en tu nombre!».

Comienza el gobierno del terror. El poder ejecutivo está en manos del Comité de Salud Pública, dominado por Robespierre.

Pero también llega el principio del fin. El influyente periodista Jean Paul Marat, principal propagandista del terror, es asesinado en el baño por una joven de veinticinco años, Charlotte Corday.

La Convención ha decidido romper los lazos con el pasado. Se adopta el Sistema Métrico Decimal, que pone orden por fin en el caos de las unidades de medida. Se crea el calendario revolucionario, que comienza a contar los años a partir del veintidós de septiembre de 1792, día de la instauración de la República. Se cambian los nombres y la distribución de los meses, la duración de la semana.

Danton se casa con Louise, la amiga de Marie.

Su mujer había muerto. El padre de Louise, que se ha hecho muy amigo suyo, le invita a menudo a su casa. Allí conoce a Louise, que apenas tiene dieciséis años. Se enamora de ella como un loco, a pesar de que le dobla la edad con creces. En octubre de 1793, se celebra el matrimonio.

En la sexta sesión con el cronovisor, conecto el sábado doce de octubre de 1793, a las nueve de la mañana. O quizá debería decir el primidi veintiuno de Vendimiario del año II de la República, puesto que el calendario republicano está en vigor oficialmente desde siete días antes. Pero el cronovisor no entiende el calendario revolucionario que, después de todo, solo se usó en Francia durante poco más de doce años.

Conecto directamente en casa de Marie. No me cuesta trabajo sincronizar el aparato. He marcado tantas veces estas coordenadas, que quizá el cronovisor las recuerde.

Marie y Louise aparecen en la pantalla. Están solas, hablando. Conecto el sonido para oír lo que dicen.

—Así que eres la esposa de Georges Danton, presidente del primer Comité de Salud Pública —murmura Marie—. ¿Qué se siente al ser la mujer de un hombre tan importante?

—No lo sé. Estoy aturdida. ¡Todo ha sido tan rápido!
—¿Estás segura de lo que has hecho?
—A veces sí, pero a veces tengo dudas. Georges me fascina. Cuando está delante de mí, cuando me habla, me siento en un mundo diferente. Es como si me arrastrara hasta las nubes, como si perdiera la noción de lo que soy y de dónde estoy. Sus palabras me convencen, siempre estoy de acuerdo con todo lo que dice. Pero a veces le tengo un poco de miedo.
—¿Cómo ha tomado su alejamiento del gobierno?
—Parece tranquilo. Sabe que ya no tiene tanta influencia como antes, que Robespierre se le ha adelantado. Pero tiene una inmensa confianza en sí mismo. «¡Esto pasará! —dice—. Las aguas volverán a su cauce».
—Entonces, ¿él no está de acuerdo con lo que está ocurriendo?
—No. No le gusta el terror. Cree que Robespierre y sus amigos han llegado demasiado lejos. Teme que todo esto termine en una catástrofe.
—El año pasado fue mi padre. Este año, tu padre y tu marido. Si siguen apartando a las personas normales, si los más radicales se quedan solos en el gobierno, no sé lo que va a ser de Francia. Dices que a veces Georges te da miedo. A mí me asusta mucho más Robespierre.
—¿Por qué?
—Porque él está convencido de que sus motivos son justos. Que todos los medios son buenos, si el fin lo es. ¡El incorruptible! A veces pienso que sería mucho mejor que nos mandara un hombre corrupto que buscara su propio beneficio. Esos, a veces, duermen. Su ambición se sacia de vez en cuando. Y a veces tienen remordimientos por lo que han hecho. En el fondo de su alma se avergüenzan, saben que son culpables. Pero ¡el incorruptible! Siempre está despierto. No se sacia jamás, porque

nada busca, salvo lo que él considera sinceramente el bien de los demás. Y nunca tiene remordimientos. ¡Ese, ese es el más peligroso!

—Veo que odias a Robespierre.

—¡Dios me libre! No le odio, pero le temo. Quisiera verle desterrado, lejos de Francia, en algún sitio muy lejano donde no pudiera hacernos daño. Pero ¡ya está bien de hablar de cosas tristes! Háblame de tu boda. ¿Cómo fue? Como no nos invitaste...

—Sabes por qué lo hicimos así, en secreto... Me costó mucho convencerle, pero al fin lo conseguí. Quería casarme por la Iglesia de verdad, no con uno de esos fantoches, los curas que juraron la constitución civil del clero. Quería un sacerdote refractario, de los que no la aceptaron y siguen fieles al papa.

Louise rompió a reír alegremente.

—¿Te imaginas? ¡El gran Georges Danton, el alma de la República y de la Revolución, casándose en secreto ante un cura refractario! ¿Qué dirían sus colegas si lo supieran?

Marie no imitó las risas de su amiga.

—No deben saberlo. No se te ocurra hablar de ello con nadie. Es muy peligroso. No tenías que habérmelo dicho ni siquiera a mí.

—Pero ¿por qué? Eres mi amiga. Jamás me traicionarías.

—Las paredes oyen. Y nadie sabe lo que podrá resistir si le torturan.

La sonrisa de Louise desapareció.

—¿Crees que pueden llegar a eso? ¿A torturar a una mujer?

—Creo que han llegado ya.

Durante largo rato, se hizo el silencio. Finalmente, Marie habló.

—Puesto que no puedes hablarme de tu boda, cuéntame algo de vuestros planes. Has dicho que os marcháis de París. ¿Cuándo? ¿Adónde?

—Hoy mismo. Nos vamos al pueblo natal de Georges, Arcis-sur-Aube. Le han dado permiso hasta diciembre, digo hasta Frimario.

—Nunca me acostumbraré al nuevo calendario —suspiró Marie.

—Yo tampoco. Pero no tendremos más remedio. El calendario antiguo ya no existe.

—En Francia.

—Sí, tienes razón. Pero como yo no pienso salir jamás de Francia, para mí es como si ya no existiera.

—No estés tan segura.

—¿Qué quieres decir? —preguntó Louise, algo asustada.

—Recuerda que tu marido tuvo que huir de Francia una vez, hace dos años. ¿Estás segura de que no puede volver a ocurrir?

—¿Y crees que yo tendría que seguirle? No puedo imaginarlo, yo en un país extranjero, donde nadie hablara como nosotros. ¡No podría entender nada!

—¿Le dejarías marchar solo?

—No lo sé. Prefiero no pensarlo.

—Le quieres mucho, ¿verdad?

—Sí. No puedo resistir la idea de separarme de él. Pero hay otras muchas cosas que me asustan. El divorcio, por ejemplo. Ahora que es legal, tengo miedo de que Georges se canse de mí.

—Pero ¡hija mía! ¡Si acabáis de casaros!

—Ya lo sé. Soy tonta. Pero no puedo evitarlo.

De nuevo se hizo el silencio. Louise se puso en pie.

—Tengo que marcharme —dijo—. En realidad, solo vine a despedirme. Nos vamos esta mañana.

Marie se levantó para acompañarla hasta la puerta.

—Os deseo un buen viaje y mucha felicidad —dijo, besando a su amiga—. Espero que la próxima vez que nos veamos habrá cosas más alegres de que hablar.

La sesión había durado el tiempo justo. Cuando Louise salía de la habitación, faltaban dos minutos para las cuatro. Mantuve la conexión unos momentos, bebiendo con los ojos el rostro de Marie, profundamente preocupado. Yo también estaba vagamente inquieto por ella. No sabía la razón, no tenía ningún indicio para pensar así, pero tenía la sensación de que la vida de mi amada estaba en peligro.

DESASTRE

Veintiocho de abril:

Séptima sesión con el cronovisor. No sé cómo tengo fuerzas para anotar lo que ha sucedido. Estoy destrozado, con la moral por los suelos, apenas puedo tenerme en pie. Creo que estoy a punto de caer enfermo. Lo que he visto esta tarde ha sido terrible. No sé si podré soportarlo. Temo perder la razón.

Antes de comenzar la sesión había decidido volver a mi personaje, al menos para justificarme ante mí mismo. Desde el once de agosto de 1792 había perdido de vista a Camille Desmoulins. Ya era hora de volver con él. Además, puesto que en la sesión anterior había llegado hasta el otoño de 1793, era el momento oportuno para hacerlo, pues Camille desempeñó de nuevo un papel importante durante los últimos meses de ese año y los primeros de 1794.

Por aquel tiempo había surgido en París un periódico extremista —Le Père Duchesne—, dirigido por Jacques-René Hébert, que llevaba hasta sus últimas consecuencias la teoría del terror como forma de gobierno. Por inspiración suya, la Convención aprueba la Ley de los sospechosos, que permite detener sin trámites a todos aquellos de los que se sospeche que son partidarios de la monarquía, parientes de emigrados e incluso a los que no hagan nada por la libertad. Hébert es también un anticlerical furioso, que en su periódico mueve a los ciudadanos a perseguir a los sacerdotes y destrozar los objetos de culto. Finalmente, por instigación suya se celebra la fiesta de la Diosa Razón, que intenta promover el ateísmo y derribar la religión.

El extremismo de Hébert alcanza tales límites que se gana la enemistad de Robespierre que, junto con Danton, decide oponérsele en su mismo terreno. Por eso se encarga a Camille Desmoulins, que ya había practicado el periodismo más de una vez, que se lance a la palestra con un nuevo periódico, Le Vieux Cordelier. El éxito es completo. Hébert y los suyos quedan desacreditados. A finales de marzo de 1794, los que proponían la guillotina para todo el mundo son, a su vez, guillotinados.

Pero el triunfo de Danton, Camille y sus amigos, a los que se conoce con el apodo de Los indulgentes, es de corta duración. Todos mantienen abiertamente que el tiempo del terror ha pasado, que la guillotina ya no está justificada, que la Revolución ha tenido éxito y que ha llegado el momento de la normalidad. Cada una de estas afirmaciones choca directamente con la resistencia de un hombre: Maximilien Robespierre.

El domingo treinta de marzo de 1794 —décadi diez de Germinal del año II de la República—, el Comité de Salud Pública decreta la detención de Danton, Camille Desmoulins y otros indulgentes. El gobierno del terror comienza a devorar a sus propios miembros. El proceso terminará menos de cuatro meses más tarde, el veintiocho de julio del mismo año, con la ejecución de Robespierre.

Sincronizo el día siguiente, a las ocho de la mañana en casa de Marie. Quiero ver cómo le afecta la noticia. Tengo suerte. Acaba de llegar Louise, que se arroja inconsolable en brazos de su amiga.

—¡Han detenido a Georges! —*exclama entre sollozos.*

Marie palidece. Para ella, es la primera noticia.

—¿Han detenido a alguien más? —*pregunta con voz alterada por la emoción.*

—No lo sé. Pero ¿qué va a ser de mí? ¡Lo matarán!

Entra el padre de Marie, atraído por el alboroto. En cuanto se entera de lo que ocurre, coge el sombrero y se lanza a la calle. Va en busca de noticias. Marie lleva a Louise a un diván y trata de consolarla.

—Cuéntame lo que ha pasado —*le dice.*

—Georges sabía hace tiempo que esto podía ocurrir. Le habían avisado. Pero él no quiso creerlo. Ayer por la tarde vinieron a decirle que la Convención había aprobado su arresto. Aun así se negaba a aceptar la evidencia. O quizá lo hacía para calmarme a mí.

Un nuevo aluvión de lágrimas interrumpe las palabras de Louise.

—¡Tranquilízate! —*le dice Marie, sin saber qué hacer.*

Poco a poco, Louise se calma y puede continuar su relato.

—Sus amigos insistían en que huyera, como hizo la otra vez. Pero Georges no ha querido. Anoche no nos acostamos. Sabía que en cualquier momento podían venir a detenerle. Yo lloraba, abrazada a él en el sofá, y él trataba de consolarme. ¡Fíjate! ¡Quería consolarme él a mí! Como si yo importara.

Por segunda vez, Louise no pudo resistir la emoción. Marie se limita a darle palmadas cariñosas en la espalda.

—Me decía: «No temas. Nadie se atreverá a hacerme nada. Soy demasiado importante». Pero él sabía muy bien que estaba *perdido. Lo noté en su cara. No puede ocultarme nada. ¡Todo por culpa de ese horrible Robespierre!*

Marie dice lentamente una sola palabra:

—*Robespierre.*

—*Recuerdo que hace unos meses, poco después de mi boda con Georges, me decías que Robespierre te asustaba mucho más que nadie. ¡Qué razón tenías! ¡No sabes cómo odio a ese hombre! Oír su nombre me resulta insoportable.*

—*Continúa, Louise.*

—*Poco más hay que contar. Era ya de noche cerrada cuando vinieron a detenerle. Georges se separó de mí, me obligó a soltarle y se fue con ellos sin decir nada. Fue horrible. Creo que me desmayé.*

—*¿Qué hiciste después?*

—*Fui a casa de mi padre. No sé cómo pude llegar. ¡Estaba tan confusa! He estado allí hasta ahora.*

Louise comienza entonces a repetir la historia de la detención. No hace más que darle vueltas a dos o tres ideas. Como la conversación ha dejado de tener interés para mí, y para no desaprovechar los minutos que me quedan, avanzo a intervalos de un cuarto de hora para localizar el regreso del padre de Marie. A eso de las diez de la mañana vuelve a casa. Está muy serio y Marie se asusta al verle.

—*¿Qué ha pasado?* —*pregunta ansiosa.*

—*No ha sido solo Danton. Camille Desmoulins y varios de nuestros amigos han sido detenidos.*

Veo que la palidez de Marie se hace aún más intensa y temo que vaya a desmayarse. Recuerdo que, dos años antes, ella estaba enamorada de Camille, aunque sin esperanzas. ¿Seguirá queriéndole? Pero, haciendo un esfuerzo sobrehumano, la joven se controla. Se apoya en un mueble para sostenerse en pie y pregunta a su padre con voz entrecortada.

—¿Estás en peligro?
—No lo creo. Ya me habrían detenido. Yo soy demasiado poco importante. No soy un peligro para nadie.

Me queda poco más de media hora y tengo mucho que hacer. Decido avanzar hasta el día de la ejecución, el sábado cinco de abril de 1794. Pero de pronto tengo una corazonada. Sincronizo la víspera en casa de Marie. Está a punto de salir a la calle. Lanza miradas furtivas a su alrededor, como si temiera ser descubierta. ¿Adónde irá? Decido seguirla para averiguarlo.

Con la práctica que tengo en el manejo del aparato, no me resulta difícil. Además, no va muy lejos. Rue Saint Honoré. ¿Será verdad lo que temo? ¿Qué va a hacer esta chica? ¿Se ha vuelto loca?

No me cabe duda. Va a ver a Robespierre. Ha entrado en la casa, la misma en la que buscó refugio cuando la Asamblea Constituyente decretó su detención y en la que sigue viviendo y trabajando. La sigo por la escalera interior. Una mujer sale a su encuentro.

—Tengo que ver al ciudadano Robespierre —dice Marie.
—Lo siento. El ciudadano Robespierre está muy ocupado. No puede recibirte.
—Lo que me ha traído es muy urgente. No saldré de aquí sin verle.
—Pues yo te digo que no le verás —insiste la mujer.

Marie intenta apartarla de un empellón, pero no tiene bastantes fuerzas. La mujer la empuja violentamente hacia abajo, casi la hace caer por la escalera.

En ese momento se abre una puerta del piso superior. Un hombre desciende, seguido por otros dos. Lleva una peluca empolvada y un enorme adorno en la pechera de la camisa. Sus labios son muy finos, la nariz es recta, la frente amplia, los ojos fríos y calculadores: Maximilien Robespierre.

—¿Qué ocurre aquí? —pregunta la voz más temida de Francia.
—Esta muchacha insiste en verte. Se ha puesto muy violenta.
Robespierre mira a Marie fijamente. Siento un escalofrío. Grito en silencio ante el cronovisor: «¡Márchate! ¡Vete inmediatamente!». Naturalmente, ella no puede oírme.
—Está bien, te recibiré —dice Robespierre.
Da media vuelta y asciende de nuevo al piso superior. Al pasar, hace una seña a los dos hombres que le siguen. Entiendo muy bien lo que quiere decirles: «¡Vigiladla!». Imperceptiblemente, los dos guardaespaldas se colocan a ambos lados de Marie.
Entran en el despacho de Robespierre. El gran hombre se sienta detrás de su mesa de trabajo y mira de nuevo a Marie, que permanece en silencio. ¿Será acaso incapaz de hablar, ahora que ha conseguido su propósito?
—¿Qué quieres? —pregunta al fin Robespierre.
Marie se adelanta un paso.
—¡Ciudadano Robespierre! Vengo a pedir el perdón de Camille Desmoulins.
Durante varios segundos, Robespierre no contesta. Sus ojos de acero, fijos en los de Marie, parecen perforarla. Luego tamborilea un momento sobre la mesa, toma una carpeta sin mirar su contenido y dice:
—Camille Desmoulins ha sido condenado a muerte por el tribunal revolucionario. La sentencia no puede apelarse.
—Maximilien Robespierre puede dejar sin efecto una decisión del tribunal —insiste Marie.
—No puedo. Lo siento.
—Di más bien que no quieres.
—Camille Desmoulins era mi amigo. Fuimos juntos al colegio. Pero, aunque quisiera, no podría salvarle. Sus actividades son peligrosas para Francia. Debe morir.

Robespierre vuelve a repiquetear con los dedos. El ruidito me obsesiona. Marie parece hipnotizada. Sus ojos no se apartan de la mesa. De pronto levanta la mirada y dice:

—*¡Ciudadano Robespierre! Acuérdate de Marat.*

Me estremezco violentamente. Lo que quiere decir es obvio. Hace menos de un año que Marat ha sido asesinado por una joven, Charlotte Corday. Marie está amenazando a Robespierre con el mismo destino.

El hombre sentado detrás de la mesa también lo ha comprendido. Se levanta lenta, muy lentamente. Sus dos guardaespaldas dan un paso al frente, para quedar a derecha e izquierda de Marie.

—*¿Cómo te llamas, ciudadana?*

—*Marie Lechamp —responde ella. No ha dado su verdadero apellido. Sin duda quiere proteger a su familia.*

—*Pues bien, Marie Lechamp —dice Robespierre con voz inflexible—: Vas a aprender que no se puede amenazar impunemente a Maximilien Robespierre. Desgraciadamente, no creo que la lección te aproveche mucho. Quedas detenida. Mañana te presentarás ante el tribunal revolucionario para dar cuenta de tus actos.*

Siento que la cabeza me da vueltas. Por un momento se me nubla la vista. Cuando consigo enfocar la mirada, la pantalla presenta una escena vacía. Se han llevado a Marie. También Robespierre ha partido. Trato de encontrar a mi amada, pero he perdido demasiado tiempo. Ya ha salido de la casa. No la veo por ninguna parte. Miro el reloj: me quedan diez minutos.

Demasiado sé lo que va a ser de ella. El tribunal revolucionario condenó a la guillotina a más de dos mil personas en poco más de un año, lo que equivale a una media de entre cinco y seis personas diarias ¡sin faltar un solo día! Y la acusación es gravísima: nada menos que amenazar de muerte a Robespierre. Marie está perdida.

Tengo que encontrarla, saber lo peor, antes de que se me acabe el tiempo. No podré resistir dos semanas de incertidumbre. Pero ¿dónde puedo buscar? París es muy grande. Hay muchas prisiones, que alojan a miles de detenidos. Ni siquiera conozco la dirección de todas.

De pronto se me ocurre una idea. Ya sé dónde puedo encontrar a Marie. Todos los condenados a muerte son guillotinados por la mañana en la plaza de la Concordia, la plaza de la Revolución, como se llamaba entonces. Sincronizo el cronovisor en ese lugar, la mañana del cinco de abril. Veo llegar la carreta que trae a los condenados. Allí están Danton, Camille Desmoulins y varios de sus amigos. Es el fin de mi personaje. Pero Marie no está. Es demasiado pronto. Su caso no habrá sido juzgado, probablemente.

Tengo mucha prisa. No espero la ejecución de mi personaje. Salto al día siguiente, pero Marie tampoco está en la carreta. Avanzo hasta el siete de abril, después al ocho y por último al nueve. Tampoco. Empiezo a tener esperanzas. ¿Se habrá arrepentido Robespierre? ¿La habrán dejado libre? ¿Debería sincronizar su casa?

Un intento más: sincronizo el jueves diez de abril de 1794, en la plaza de la Revolución. Aquí viene la carreta. Se acerca a la gran tarima donde se encuentra la guillotina. No veo bien a los ocupantes: ha venido mucha gente a asistir a las ejecuciones y me los tapan. La carreta se detiene. Los condenados se ponen en pie. Veo a Marie. Ha sido condenada a muerte.

La sala del cronovisor comienza a girar a mi alrededor. La pantalla se agranda, crece desmesuradamente y llena toda mi consciencia. No sé dónde estoy ni qué hago en este lugar. He olvidado qué dirección es arriba y cuál es abajo. De pronto todo se oscurece. Siento que me falta apoyo, que caigo en un abismo insondable. Ciego, sordo y mudo me hundo en el vacío.

De pronto la negrura se deshace. Veo aparecer ante mí un objeto descomunal y horrible: una guillotina, alta como un edificio de diez pisos. En lo alto, la cuchilla, perfectamente pulida, despide brillos siniestros. Al otro lado del vano surge inesperadamente un rostro. Es Marie. Está muy pálida, pero tranquila. Sus ojos se niegan a posarse en el terrible instrumento, se fijan en el infinito y se clavan en los míos con gran fuerza, como si me imploraran. No puedo resistirlo. Grito con voz ahogada:

—¡Marie, Marie! ¡Detente! ¡No sigas adelante!

La imagen desaparece. El escenario queda a oscuras. Tengo la sensación de encontrarme en un teatro en el que se representa una tragedia. Durante un tiempo que se me hace interminable, todo permanece oscuro. Por fin aparece un tenue rayo de luz, que se ensancha paulatinamente, como la luz de un foco, y que ilumina el centro de la escena. Allí no hay nada.

Me froto los ojos incrédulo. Algo, una imagen, un fantasma, está surgiendo de la nada. Es casi transparente. Pero poco a poco va tomando forma y materia, haciéndose reconocible. Es Marie. Va apareciendo lentamente, con toda su corporeidad. Emocionado al verla a mi alcance, siento el impulso de avanzar hacia ella, de tomarla en mis brazos. Extiendo las manos hacia adelante. Doy unos pasos vacilantes.

El brillo del foco se hace irresistible. No puedo soportar la luz. Cierro los ojos involuntariamente. Cuando los vuelvo a abrir, la escena está otra vez vacía. He vuelto a perder a Marie.

Oigo que alguien me llama. ¡Qué raro! Es la voz de Marmaduke Smith. ¿Qué hace aquí? ¿Por qué me interrumpe? ¡Déjame en paz! Estoy buscando a Marie. Tengo que encontrarla antes de que le ocurra algo terrible. Tengo que salvarla.

Una mano se apoya en mi hombro y me sacude con violencia. Abro los párpados y, por un momento, la luz me ciega otra vez. Luego veo a Marmaduke Smith, inclinado sobre mí. Me cuesta cierto tiempo darme cuenta de que aún estoy sentado ante el cronovisor.

Se despiertan mis recuerdos. Mi mirada horrorizada busca la pantalla. Pero no veo la plaza de la Revolución ni la horrible guillotina. He debido caerme desmayado sobre los controles. La sincronización se ha perdido. Miro el reloj. Son las cuatro en punto. Se abre la puerta y entra Jan van Molen.

Marmaduke me ayuda a levantarme. Me cuesta trabajo andar. Me siento muy débil.

—¿Quién es Marie? —pregunta mi amigo. Al oírle, siento como si fuera a desmayarme de nuevo.

—¿Qué quieres decir? —balbuceo.

—No hacías más que hablar de ella ahí dentro. Gritabas su nombre. Le pedías que se detuviese. ¿Quién es? ¿Qué te ha ocurrido?

Me detengo y me apoyo en la pared del pasillo, incapaz de dar un paso más. Se lo cuento todo. Mi amor irresistible por Marie, mi horror al verla avanzar hacia la muerte. Todo.

Marmaduke me ayuda a llegar hasta la estación de transferencia de materia. Me voy directamente a casa y me meto en la cama. Me siento morir.

UN ENCUENTRO INESPERADO

Dos de mayo:
Marmaduke Smith me ha traicionado. En cuanto se separó de mí el jueves, tras mi tormentosa sesión con el cronovisor, se apresuró a ir a ver al profesor Lavalle para denunciarme. Le contó todo lo que yo le había dicho confidencialmente. Como se podía prever, Lavalle consideró grave mi situación y decidió prohibirme el uso del cronovisor. Para mí, el curso ha terminado.
El viernes falté a clase. Me encontraba enfermo, sin fuerzas para levantarme. Pero durante el fin de semana me fui reponiendo. Por eso hoy, lunes, al volver a la Sorbona, me he llevado una sorpresa cuando, al terminar la clase de Historia Contemporánea, Lavalle me ha llamado. Quería hablar conmigo, dijo, de algo muy serio.
—Uno de sus compañeros me ha contado lo que le pasa. Sé que usted cree estar enamorado de una muchacha que vivió hace trescientos años. Esto es grave. No tengo más remedio que

prohibirle el uso del cronovisor durante el resto del curso. Y le recomiendo que busque un tratamiento médico adecuado.

Me di cuenta de que no quería nombrar al compañero que me había delatado. ¡Como si hiciera falta! La perfidia de Marmaduke estaba muy clara, pues él era el único que lo sabía. Sin duda, parte del tiempo que ocupaban mis sesiones iría a parar a él.

Salí de la entrevista más decaído aún de lo que ya estaba. Había contado con las dos próximas sesiones para, al menos, volver a ver a Marie. Aunque tal vez sea mejor así. Temo que mi obsesión me habría llevado a sincronizar una vez y otra el momento terrible, que después de todo no he visto todavía, porque mi desmayo del jueves pasado me lo impidió. Esa reiteración habría amenazado mi razón. No puedo fiarme de mí mismo.

Es mejor que olvide cuanto antes a Marie. Al fin y al cabo, siempre he sabido que mi amor era imposible. A partir de ahora, trataré de hallar consuelo en el estudio. Voy a reunir todos los datos que he obtenido sobre Camille Desmoulins y la Revolución Francesa y prepararé el trabajo de fin de curso. Tal vez todavía pueda obtener una nota aceptable. Al fin y al cabo, he podido realizar siete sesiones bastante completas con el cronovisor. Otros han perdido la mayor parte del tiempo luchando con el sincronismo.

Creo que esta va a ser la última anotación en este diario, que comencé hace unas semanas. Su utilidad ha terminado. Una vez transcriba en el trabajo de fin de curso la información que contiene y que sea de utilidad, lo guardaré bajo llave o lo destruiré. Todavía no lo he decidido. Como es natural, no mencionaré a Marie en el trabajo. Eliminaré todas las partes que tengan algo que ver con ella. No sé si lo que quede será suficiente.

Nueve de mayo:
Releyendo la anotación anterior, veo que hace una semana estaba convencido de haber terminado con el diario. Sin embargo, aquí estoy escribiendo otra vez. Hoy ha ocurrido algo que me ha impulsado a volver a él.

Esta tarde, al salir de la Sorbona, me encontraba muy deprimido. El próximo jueves, me tocaba utilizar el cronovisor. Será el primer día que no acuda a la cita. Para animarme un poco, se me ocurrió dar un paseo por el museo del Louvre. Entré por la pirámide de vidrio y recorrí la galería que conduce del siglo XII al siglo XXI, haciéndote realizar un viaje imaginario en el tiempo. Me encontraba aproximadamente al nivel del siglo XVIII —¡qué casualidad!—, y estaba ensimismado en mis pensamientos, cuando sentí una palmada en la espalda. Me volví, sobresaltado. Era mi antiguo compañero de primaria, Jean Moulin. Me costó trabajo reconocerle, pues hacía cinco años que no nos veíamos y a nuestra edad se cambia mucho. Sin embargo, él me había conocido sin dificultad.

Hablamos de lo que habíamos hecho desde la última vez que nos vimos. Jean había ingresado en la Escuela Politécnica. No me sorprendió. Siempre le había gustado construir cacharros más o menos complicados. De hecho, en el colegio pensábamos que algún día llegaría a ser un genio de la técnica.

—Oye, te veo un poco decaído —me dijo de pronto—. ¿Qué te ocurre?

La pregunta me tomó por sorpresa. No creía que se me notara tanto. Entonces me hundí de nuevo en la autocompasión y estuve a punto de echarme a llorar. Solo pude desahogarme contándoselo todo a Jean. Por segunda vez en menos de dos semanas me había confiado a alguien. Por un momento cruzó por mi mente el temor de que también esta vez mis confidencias me salieran mal. Pero me apresuré a rechazar esta idea. Todo lo malo que podía ocurrirme había sucedido ya. No podía estar peor.

No le oculté nada. Ni mi amor por Marie, ni la traición de Marmaduke, ni mi desesperación al ver a la muchacha al pie de la guillotina. Mientras le hablaba, evité mirarle a los ojos. No fue difícil, pues estábamos caminando juntos por el museo, en la misma dirección. Temía ver reflejarse en su mirada su horror ante mi estado mental. Después de mis experiencias anteriores, estaba convencido de que todo el que conociera mi historia me tomaría por loco.

—De modo que ya puedes imaginar mi estado de ánimo —terminé—. Me han prohibido acercarme al cronovisor. No podré ver a Marie. Todo ha terminado. Tendré que hacer un esfuerzo para olvidarla.

Durante unos momentos reinó el silencio. Me pregunté qué estaría pensando y le miré con el rabillo del ojo. Para mi sorpresa, descubrí que estaba frotándose las manos, como si no cupiera en sí de gozo, y que sonreía. Me molestó un poco y decidí no contarle nada más, buscar un pretexto y despedirme cuanto antes. Pero él se dio cuenta y dijo:

—Veo que te has enfadado conmigo. Sin duda consideras frívola mi actitud. Te lo explicaré. Lo que acabas de contarme confirma totalmente mis teorías y tiene una relación muy directa con ciertos experimentos que estoy realizando en secreto. Por eso estoy tan contento. Además, se da en este caso una curiosa coincidencia. Acabas de decirme que Camille Desmoulins era tu proyecto para este curso. Mi apellido es Moulin. Algunos de mis parientes se apoyan en el parecido para tratar de establecer una relación con él. Dicen que pudo ser antepasado nuestro.

No pude resistir la sorpresa y la curiosidad. Mi enfado desapareció como por ensalmo.

—¿De qué teorías hablas? ¿Y cuáles son tus experimentos?

Jean Moulin me miró atentamente, enarcando el ceño, como si dudase qué decisión tomar. Comprendí que no deseaba hablarme de su trabajo que, al fin y al cabo, era confidencial, según acababa de decirme.

—He sido demasiado indiscreto —dije—. Olvida mis preguntas.

—Al contrario. Creo que puedes serme muy útil. ¿Podrás guardar un secreto mejor que tu amigo Smith? —preguntó, sonriendo.

—Marmaduke Smith ya no es mi amigo. Me ha traicionado. Precisamente por eso me guardaré mucho de hacer lo mismo contigo.

—Sé que me arriesgo a pagar los platos que han roto otros. Hay quienes procuran vengarse en terceras personas del mal que les han hecho. Pero yo no creo que tú seas de esos. Te lo contaré todo.

Esperé con impaciencia sus palabras. Pero él guardó silencio durante un minuto y luego, inesperadamente, reanudó la conversación con una pregunta:

—¿Tienes idea de cuál es mi campo de especialidad?

—No —respondí—. Sé que estás en la Escuela Politécnica. Pero no sé a qué te dedicas exactamente.

—Me especializo en electrónica avanzada. Estoy preparando la tesis.

—¿Ya? ¿Acaso has terminado la carrera?

—No. Me faltan un par de cursos. Pero quiero ir ganando tiempo. Además, estoy tras de una buena pista y no quiero que nadie se me adelante. Es posible que muy pronto pueda hacer un gran descubrimiento.

—No me extraña. Siempre pensé que triunfarías.

—Gracias. ¿No me preguntas cuál es mi tema de tesis?

—¿Para qué? Seguro que será algo muy complicado que yo no podré entender.

—Por el contrario, es realmente muy sencillo. Estoy estudiando las bases teóricas de la transferencia de masas en relación con el intercambio de dos o más dimensiones en el espacio-tiempo.

La cara que puse al oír sus palabras debió de expresar claramente mi ignorancia, porque Jean soltó una carcajada.

—Veo que te suena a chino.

—Poco más o menos.

—Supongo que tienes alguna idea del funcionamiento de las estaciones de transferencia de masas.

—Sí, como todo el mundo. Lo que estudiamos en la enseñanza secundaria.

—Pero no conocerás a fondo la teoría clásica de la transferencia.

—No. Todo eso queda muy lejos de mi terreno.

—Me lo pones muy difícil. En fin. Haré lo que pueda. Voy a ver si te lo explico de manera que lo entiendas. Ten en cuenta, sin embargo, que lo que voy a decirte no representa fielmente la realidad. Se trata de una visión intuitiva y muy simplificada.

—Comprendido.

—Sabemos desde hace casi un siglo que el espacio en que vivimos no se limita a las tres dimensiones a las que estamos acostumbrados, sino que existen otras dimensiones ocultas.

—El tiempo es una de ellas, ¿no?

—No, no me refiero al tiempo, sino a dimensiones puramente espaciales. De acuerdo con la Gran Teoría Unificada, existen nueve dimensiones espaciales y una temporal.

—Me parece que he oído algo sobre eso. Pero creo recordar que esas seis dimensiones adicionales son inapreciables.

—Normalmente sí. Su curvatura es tan grande que el diámetro del universo a lo largo de una de esas dimensiones es menor de una billonésima de metro.

—Entonces, ¿para qué nos sirven?

—Espera. Existen medios para enderezar parcialmente una de esas dimensiones. Entonces podemos utilizarlas para transferir materia de un punto a otro muy distante, en un tiempo prácticamente nulo.

—Pero yo tenía entendido que las estaciones de transferencia de masa desintegran un cuerpo en la estación de partida y lo reintegran en la de llegada con átomos diferentes.

—Cierto. En realidad no se transmite materia alguna. Sería imposible introducir un átomo por un canal de comunicaciones tan diminuto. Por eso enviamos ondas. Ciertas ondas especiales, distintas de las electromagnéticas, que transmiten a la estación receptora el patrón en que deben disponerse los diversos átomos para recomponer el objeto o el cuerpo que se está transfiriendo.

—Ya comprendo. Y esas ondas se propagan por una de las dimensiones adicionales.

—Exactamente.

—Y todo esto, ¿qué tiene que ver con tu tesis? No me entiendas mal. Quiero decir que, si lo que me has contado se sabe hace ya muchos años, ¿qué puedes tú añadir?

—Todo. Según mi tesis, la teoría clásica está incompleta. Está en el estado en que se hallaba la Mecánica antes de Einstein. Lo que yo propongo será una revolución tan grande como lo fue en su día la Teoría de la Relatividad.

—Es decir, que tú vas a ser el Einstein del siglo XXI.

—Noto cierta sorna en tus palabras, pero en cierto modo así es.

—Y ¿en qué manera vas a revolucionar la transferencia de masas?

—Demostrando que el tiempo y las dimensiones espaciales son intercambiables.

—No comprendo.

—Te lo diré en cuatro palabras: igual que podemos transferir materia a través del espacio, si lo que yo pienso es verdad dentro de poco podremos transferir materia a través del tiempo.

—Pero ¡los viajes en el tiempo son imposibles!

—No me cuentes las paradojas, ya las conozco. Pero todo lo que eso demuestra es que no se puede viajar hacia el pasado. No hay nada que impida viajar hacia el futuro.

Sentí de pronto como si un relámpago de luz vivísima iluminara mi cerebro.

—¡Es cierto! Yo ya lo había pensado. Pero el profesor Lavalle afirmaba con tanta seguridad que todos los viajes en el tiempo son imposibles, que casi había llegado a creerlo.

—Conozco a muchos como él. Creen que lo que es válido en ciertas condiciones tiene que serlo en todas. Pero eso no es necesariamente así. Existen múltiples contraejemplos.

—Entonces, ¿tú crees que será posible viajar hacia el futuro? Pero supongo que todo eso estará muy lejos y que nosotros no llegaremos a verlo.

—Te equivocas. Si mis teorías son ciertas, no sería difícil construir una estación de transferencia de masas a través del tiempo. Vendría a ser la mezcla de un cronovisor y de una estación de transferencia espacial.

—¿Y tú podrías construirlo?

—En efecto. No es difícil hacerlo. No se precisan componentes complicados. Casi todo lo que hace falta se puede comprar en una tienda de electrónica. En eso precisamente consisten los experimentos de los que te hablé.

—¿Quieres decir que ya has construido una máquina del tiempo?

—Llámala así si quieres. La necesito para probar mis teorías. Sin una comprobación fehaciente, nadie querrá creerlas y mi tesis no será aceptada. Pero si puedo presentar en su favor hechos indudables...

—Entonces, ¿piensas viajar hacia el futuro?

—No. Primero tengo que resolver una dificultad muy importante.

—¿Cuál?

—¿Qué haces para ir de París a Madrid?

—Voy a una de las estaciones de transferencia de materia de París y tecleo las coordenadas de una de Madrid.

—Es decir, necesitas dos estaciones de transferencia.

—Claro.

—Yo también.

Me costó algún trabajo comprender la objeción, pero al fin lo vi todo claro como la luz del día.

—¡Es verdad! Para trasladarte hacia el futuro necesitas conocer las coordenadas de una estación como la tuya situada en el tiempo hacia el que quieres viajar.

—Exactamente.

—¿No puedes usar la misma máquina en dos instantes distintos?

—Teóricamente sí. Pero no me atrevo a arriesgarme. No tengo la seguridad de que mi máquina estará todavía en el mismo lugar. Si me equivocara de coordenadas, podría desintegrarme y no volverme a integrar.

—Entonces, ¿qué vas a hacer?

—Hay una forma de prescindir de una de las dos estaciones. Es posible controlarlo todo desde una sola.

—¡Pero si hace un momento me dijiste lo contrario!

—Perdona. Lo que yo dije es que, si deseara viajar hacia el futuro, necesitaría dos estaciones de transferencia.

—No entiendo nada.

—Pero desde la estación receptora se puede controlar todo el proceso. Es decir, con una sola máquina yo no podré viajar, pero podré conseguir que viaje otra persona.

—¿Otra persona?

—Sí. Puedo traer al presente a alguien que vivió en el pasado.

Me detuve en seco. Las palabras que acababa de oír me habían abierto perspectivas totalmente nuevas. Pero una parte de mi espíritu se negaba a admitirlas. ¡No! ¡No puede ser! No quiero hacerme ilusiones que puedan resultar vanas. Ya he sufrido bastante. No quiero que todo se repita otra vez. Y ahora sería diez veces peor. Me volvería loco.

Pero, al mismo tiempo, otra parte de mí mismo gritaba cosas muy diferentes: «¡Sí! ¡Hay que intentarlo! Quizá todavía estemos a tiempo para salvarla. ¡Díselo! Propónselo inmediatamente, consigue que acepte la idea, que se comprometa de tal modo que ya no pueda echarse atrás».

Vi que Jean me estaba mirando de una forma muy rara, con una semisonrisa en los labios. Pero mi lucha interior continuaba. Las dos partes parecían estar tan equilibradas que, quizá no habría conseguido tomar una decisión en muchas horas, de no ser porque Jean interrumpió de pronto mis pensamientos con las siguientes palabras:

—Si no lo dices tú, lo diré yo. Estoy dispuesto a intentar salvar a tu amada de la guillotina y traértela al siglo XXI. ¿Qué me dices? ¿Estás de acuerdo?

UNA NUEVA ESPERANZA

Comenzó entonces un período muy difícil. La lucha interior que desencadenó en mí la propuesta de mi amigo se prolongó durante mucho tiempo. Porque la cosa no podía llevarse a efecto inmediatamente. Jean Moulin resultó estar menos adelantado en sus trabajos de lo que me había dicho, o de lo que yo había querido entender. Casi todos sus resultados eran puramente teóricos. Faltaba llevarlos a la práctica. Y desde mi punto de vista, eso era lo más importante.

Los primeros días me sentí presa de la angustia. Presionaba constantemente a Jean para que terminara el montaje de la estación de transferencia espacio-temporal de materia. Tenía la impresión subconsciente de que el tiempo corría en contra nuestra, de que podíamos llegar tarde para salvar a Marie. Por fin, Jean se cansó de que le importunara y dijo:

—Déjame en paz, Gómez. Si no me pones nervioso terminaré antes. ¡Cualquiera diría que tenemos las horas contadas! No tenemos prisa. Que yo sepa, nadie está investigando a lo largo de estas líneas, así que no es probable que se me adelanten.

—Pero Marie... —tartamudeé.

—Marie estará esperando cuando estemos dispuestos. Recuerda que hace más de trescientos años que la llevaron a la guillotina.

—¡Es verdad! —exclamé—. No se me había ocurrido. ¡Qué tonto soy! Siempre podremos sincronizar el momento exacto, no importa cuánto tardemos en construir el aparato.

—Exactamente. Ahora vete y déjame trabajar.

Las explicaciones de Jean me tranquilizaron un poco. En realidad, yo mismo habría llegado antes a esta conclusión, de no ser porque los nervios no me dejaban pensar con claridad. Pero, a pesar de todo, no conseguí calmarme más que en parte. Continuaba en estado de incertidumbre. ¿Tendríamos éxito en nuestra loca empresa? ¿Conseguiríamos traer a Marie hasta el siglo XXI? Y, suponiendo que lo lográramos, después, ¿qué?

Había una cuestión que me preocupaba profundamente. Si nosotros consiguiéramos lo que nos proponíamos, entonces Marie se salvaría. Mejor dicho, se había salvado ya, hace trescientos años. ¿Cómo es que en la historia no figuraba su caso? La desaparición brusca de una muchacha que estaba a punto de ser guillotinada debió producir un gran impacto, ser noticia. Decidí investigar para aclarar la cuestión. Busqué entre los documentos de la época, pero no pude hallar la menor referencia al acontecimiento. Esto me produjo una gran depresión. Parecía dar a entender que nuestro intento estaba condenado a acabar en un enorme fracaso.

Consulté la cuestión con Jean Moulin, que me miró con cierta displicencia.

—¡Hay que ver en qué tonterías pierdes el tiempo! ¡Naturalmente que no puede figurar en la historia! ¿Acaso crees que Marie va a desaparecer por completo del siglo XVIII?

—Pues no veo de qué otra manera vamos a traerla.

—¡Vamos, vamos, Gómez! Hasta tú debes saber que en las estaciones de transferencia de materia no se transporta ni un solo átomo. Tan solo se redistribuyen.

—Pero cuando yo viajo de París a Madrid, mi cuerpo desaparece en París.

—No desaparece. La máquina lo desintegra, clasifica los átomos y los guarda en recipientes adecuados.

—¿Y no pasará eso con Marie?

—¡Claro que no! ¿Había acaso una estación de transferencia de materia en 1794 en la plaza de la Concordia? Si consigo sacar de allí a Marie, no habrá ninguna máquina que redistribuya sus átomos. Todos quedarán exactamente en el mismo sitio. En lugar de Marie quedará una copia de su cuerpo, desprovisto de vida. Es decir, un cadáver. ¿Quién va a sorprenderse por eso?

—¿Quieres decir que los espectadores y los verdugos creerán que le ha fallado el corazón, acaso del susto?

—No. No quiero decir eso.

—Entonces no entiendo nada.

—Quiero decir que llevarán una mujer viva a la guillotina y, cuando caiga la cuchilla, solo encontrarán su cadáver. Es decir, desde su punto de vista ocurrirá exactamente lo mismo que con cualquier otro ajusticiado.

Palidecí. Ahora comprendía claramente sus intenciones.

—¿Vas a dejar que le pongan la cabeza debajo de la cuchilla? ¡No lo permitiré!

Jean esbozó una sonrisa.

—¿Prefieres que abandonemos el experimento?

—¡No, no! —me apresuré a contestar—. Pero me parece una crueldad. ¡Pobre Marie! ¿No podríamos traerla aquí antes de que la lleven a la plaza de la Concordia?

—¿Estás loco? Tú la viste llegar en tu última sesión con el cronovisor. ¿Quieres que provoquemos una paradoja?

—Pero ¿no me dijiste el otro día que no se producen paradojas en los viajes hacia el futuro?

—He estado meditando mucho en eso durante las últimas semanas. Lo que te dije es cierto, siempre que el viaje hacia el futuro se controle desde el pasado. Por ejemplo, si yo utilizara el aparato que estoy construyendo para transportarme a mí mismo al año que viene. Pero cuando el control se lleva desde el futuro es posible provocar paradojas. No voy a arriesgarme a ello. Por eso creo que mi plan es el único factible.

—A pesar de todo, no me gusta nada.

—Mira, Gómez. Yo sé de estas cosas mucho más que tú. Además, la máquina es mía. Por consiguiente, soy yo quien dicta las condiciones. Si quieres, las aceptas. Si no, buscaré otro experimento. Eso es todo.

No me agradaba la forma en que Jean hablaba de «su experimento». Para mí todo esto era mucho más, algo que me afectaba profundamente en lo más íntimo de mi ser. Poco después de la discusión que acabo de anotar, nos despedimos. Pero yo seguí dándole vueltas a la cuestión durante varias semanas.

Llegó junio, los exámenes finales estaban en puertas y yo casi no podía concentrarme en los estudios. Al menos pude terminar el trabajo sobre Camille Desmoulins y lo presenté a tiempo. Pero lo hice sin mucho entusiasmo, pues las partes que más me interesaban tenían que permanecer ocultas. El profesor Lavalle me dio un notable. No lo merecía, pero me parece que el hombre estaba arrepentido de la forma en que me había tratado, o quizá me tenía un poco de lástima.

Como siempre había sido bastante buen estudiante, me las arreglé para aprobar todo el curso. Al menos estaba libre hasta septiembre y podría dedicarme por entero a ayudar a Jean en «su experimento». Aunque la verdad es que, hasta ahora, había hecho bien poco, por no decir nada.

Contra todas las previsiones, Marmaduke Smith no consiguió el sobresaliente. A pesar de que sus marrullerías le habían permitido realizar doce sesiones con el cronovisor, y aunque su personaje —Robespierre— era uno de los más espectaculares, al parecer su estudio distaba mucho de ser óptimo. Según creo, se había dedicado a revisar los momentos más conocidos de la vida de Robespierre, sin añadir gran cosa a los conocimientos históricos de la época. Lavalle quedó bastante decepcionado con el trabajo que presentó y Marmaduke tuvo que contentarse con un notable.

Mi antiguo amigo había tratado de hablar conmigo en varias ocasiones, pero yo siempre conseguí evitarle. No tenía nada que decirle. No es que le guardara rencor. Quizá hizo bien, después de todo, al cerrarme el paso hacia el cronovisor. Últimamente me encontraba bastante mejor, menos obsesionado, aunque esto podía deberse a las nuevas esperanzas que me habían dado las investigaciones de

Jean Moulin. Sea como sea, yo había perdonado a Marmaduke, pero no tenía intención de reanudar nuestra amistad.

Sin embargo, cierto día a mediados de junio se hizo el encontradizo y me fue imposible escapar de su acoso. Estaba muy serio. Lavalle acababa de publicar las notas. Sentí algo de lástima por él. ¡Tanto esfuerzo para no conseguir lo que quería!

—Gómez, quiero hablar contigo —dijo.

—¿Qué quieres?

—Quiero pedirte disculpas por... por lo que ya sabes.

—Olvídalo.

—Quisiera volver a ser tu amigo. He observado que me evitas. Y no eres tú el único. Ninguno de los compañeros me habla.

Esto me sorprendió, pues yo no había comentado con nadie lo que Marmaduke me había hecho.

—¿Por qué? ¿Qué motivos tienen para estar enfadados?

—Tú no eres el único al que yo denuncié. Estaba desesperado, las cosas no me salían como había pensado y necesitaba a toda costa algo más de tiempo con el cronovisor. Por eso lo hice. Pero estoy arrepentido.

—Lo siento. Yo no puedo hacer nada. Tú mismo te lo buscaste.

—¡Ya lo sé! Y te agradezco que no contaras a nadie lo que te hice. Pero ¿no puedes perdonarme?

—Ya te he perdonado. Pero las cosas no volverán a ser como antes. El pasado no puede borrarse.

Al decir esto sonreí interiormente al comprender que era eso precisamente lo que Jean y yo deseábamos hacer: borrar el pasado, arrancarle una de sus víctimas.

Marmaduke pareció desconcertado por mis palabras. Pero pronto se rehízo, pues dijo, cambiando de tema:

—¡A propósito! He oído rumores sobre cierto experimento que estás realizando en colaboración con un tal Jean Moulin. ¿Puedes decirme de qué se trata?

Por un momento me paralizó el asombro. ¿Cómo era posible que Marmaduke se hubiese enterado de lo que Jean y yo pensábamos hacer? No se lo habíamos dicho a nadie. Mi examigo debió de darse cuenta de mi sorpresa, pues vi bailar en sus labios una sonrisa que, por alguna razón, me resultó muy desagradable. Yo estaba desconcertado, aturdido, y por ello contesté a su pregunta con lo primero que se me ocurrió:

—Lo siento. No puedo hablar de ello.

Inmediatamente me di cuenta de que había cometido un error. Mi respuesta le daba la certidumbre de que estábamos haciendo algo en secreto. Conociéndole, no me fue difícil imaginar que haría todo lo que estuviera en su mano para enterarse.

—Espero que no estés metiéndote en un lío. Si es así, ya sabes que puedes contar conmigo para ayudarte a salir de él.

—¿Un lío? ¿Qué clase de lío?

—No lo sé, puesto que no quieres decirme nada. Pero ¿estás seguro de que lo que tenéis entre manos es legal? Alguien podría denunciaros.

No me gustó nada su expresión al decir esto. Me despedí como pude de él y me dirigí inmediatamente a casa de Jean Moulin. Cuando llegué parecía furioso y al principio no supe a qué atribuirlo. Luego comprendí que la cosa no iba conmigo. Al parecer, no le estaba saliendo el trabajo como él quería y tenía algunos problemas con la máquina del tiempo.

Las noticias que le traía no contribuyeron a calmarle. La idea de que Marmaduke Smith andaba espiándonos y había llegado a formular veladas amenazas le sacó de sus casillas.

—¡Ese imbécil se está metiendo donde no le llaman y va a salir mal parado! —exclamó.

—¿Cómo se habrá enterado?

—Sin duda te ha seguido. Parece tener mucho interés por ti. Primero te denunció al profesor y ahora te amenaza con acudir a la policía. A partir de ahora, ten mucho cuidado con él.

—Lo tendré —respondí con acento mucho más seguro que mis sentimientos.

De pronto me fijé en una consola cuyo aspecto me resultaba muy familiar, pero que no había visto en ninguna de mis visitas anteriores. Aquellos mandos eran inconfundibles.

—Sí, es un cronovisor —me confirmó Jean cuando se lo pregunté—. Lo necesitaré más adelante, cuando consiga que funcione la estación de transferencia de masas, que es la parte más delicada.

—El aparato que estás construyendo es una combinación de los dos, ¿no es cierto?

—Más o menos. En realidad, tendré que hacerle varios cambios importantes al cronovisor, pero decidí construirlo completo para probar su funcionamiento. Estos aparatos son muy complicados y una pieza defectuosa podría mandar al traste todo el experimento.

—¿Me dejas probarlo? —pregunté ansioso.

Jean, que estaba conectando componentes sobre un banco de trabajo y me daba la espalda, contestó bruscamente a mi pregunta, sin volverse a mirarme:

—No.

—¿Por qué?

—Porque no quiero.

Busqué mis cosas y me dispuse a marcharme. Estaba muy enfadado. Al verlo, Jean vino hacia mí y dijo con voz mucho más suave:

—Cálmate, Gómez. Sé tan bien como tú qué momento intentarías sincronizar. Prefiero que no lo hagas. Es peligroso. No debemos poner en peligro el experimento por satisfacer un simple capricho.

—¿Un capricho?

—¿Vas a ganar algo con ver a Marie subiendo los escalones del patíbulo y ofreciendo el cuello a la guillotina?

—Al menos, déjame verla en algún otro momento. En su casa, por ejemplo, antes de que ocurriera aquello.

—Es mejor que no juguemos con fuego. Has tenido ya un colapso nervioso y no quiero que se repita. Y menos en mi casa y por mi culpa.

—Te aseguro que...

—No creo que estés en condiciones de asegurarme nada.

«Quizá tenga razón —pensé—. No confío en mí mismo. Siento un impulso casi irresistible de poner a Jean fuera de combate para poder utilizar su máquina. Casi parece como si estuviera bajo los efectos del síndrome de abstinencia de alguna droga. Pero debo resistir a toda costa.»

Con un gran esfuerzo de voluntad, di la espalda al cronovisor y comencé a hablar de una cuestión completamente distinta:

—El otro día me dijiste que en los viajes hacia el futuro controlados desde el punto de destino pueden presentarse paradojas, como en los viajes hacia el pasado. ¿No significa eso que estos viajes son imposibles?

—Puede ser —respondió Jean, que al verme más calmado había vuelto a su banco de trabajo—. En este momento no estoy en condiciones de asegurarte nada.

—Pero en ese caso, ¡tal vez no podamos salvar a Marie! ¿Qué será de ella?

Jean se volvió un momento y me miró con curiosidad.

—¿Que qué será de ella? Nada en absoluto. Si nosotros no tenemos éxito, el destino de Marie se cumplió hace trescientos años. ¿Es que no puedes comprender que todo eso está en el pasado?

Me di cuenta de que tenía razón. Desde que llegué a su casa, no había hecho más que portarme como un idiota. Evidentemente, esta no era mi tarde. Sería mejor que me marchara.

Volví regularmente, pero el trabajo avanzaba demasiado despacio para mi gusto. De todas formas, en mi siguiente visita observé que Jean había desmontado parcialmente el cronovisor. Quizá estuviera haciéndole ya las modificaciones necesarias, pero tenía la sensación de que lo había hecho antes de tiempo, para evitarme tentaciones. Al menos, viendo las tripas del aparato no me entraba ese hormigueo que hacía que mis manos se movieran imperceptiblemente hacia los controles, como me ocurrió el primer día que lo vi.

El lunes cuatro de julio observé nada más llegar que Jean estaba mucho más alegre. Al parecer, las cosas iban viento en popa. Y en efecto, no tardó en confirmármelo él mismo:

—El aparato está prácticamente terminado. Casi he vencido las últimas dificultades. El experimento se realizará el jueves de la semana que viene.

EL EXPERIMENTO

No tardé en darme cuenta de que Jean no había elegido la fecha al azar. Sin duda contaba con tenerlo todo preparado algunos días antes, pero no pudo resistir la tentación de realizar el experimento precisamente el jueves catorce de julio de 2089, trescientos años justos después de la toma de la Bastilla. Iba a ser un día extraordinario, especialmente en Francia. Además de la fiesta nacional, era la fecha comúnmente admitida como efemérides del comienzo de la Revolución, por lo que algunas de las celebraciones oficiales más importantes iban a tener lugar en ese día o en sus inmediaciones.

Por fin amaneció el famoso jueves. Jean me había citado a primera hora de la mañana, pues deseaba contar con un día entero para realizar los últimos ajustes y estar preparado para cualquier eventualidad. Además, a mí me interesaba salir de casa lo más temprano posible, pues sospechaba que el número de personas que querrían viajar a París ese día sería mucho mayor de lo ordinario y las colas en las estaciones de transferencia iban a ser interminables.

No me equivoqué. Me costó media hora llegar a la cabina. Una vez en mi puesto, marqué las coordenadas de la estación más próxima a la casa de Jean Moulin y aguardé a que tuviera lugar la transferencia. La espera fue larga. Evidentemente, el punto de destino estaba también sobrecargado. Pero al fin, pasados unos tres minutos, se encendió la luz roja y comenzó el proceso. Dos segundos después estaba en París.

A pesar de que apenas eran las ocho de la mañana, las calles rebosaban de gente, hasta tal punto que era difícil andar. Según los periódicos, se esperaba la presencia de casi cincuenta millones de personas. Tuve que abrirme paso a codazos hasta la casa de Jean, que afortunadamente solo distaba unas tres manzanas de la estación. Mientras iba hacia allí pensé que quizá había hecho bien al elegir este día. Era prácticamente imposible que nadie nos molestara, personalmente o por teléfono. Además de que sería difícil llegar, a nadie se le ocurriría pensar que podíamos estar metidos en casa en una fiesta así.

Jean me recibió frotándose las manos. Estaba eufórico.

—¡Todo va a pedir de boca! —exclamó en cuanto me vio—. Ya lo tengo todo listo. Incluso he hecho algunos intentos de sincronización. He conseguido conectar la plaza de la Revolución a las nueve de la mañana del día diez de abril de 1794. Esa era la fecha, ¿no?

—Sí, pero te has adelantado un poco en la hora. La ejecución no tuvo lugar hasta las once, más o menos.

—Prefiero ir avanzando poco a poco para asegurarme de que no vaya a perderse el sincronismo en el momento crucial.

—¿Qué sucedería si eso ocurriera?

—¡Muy sencillo! ¡Adiós, Marie!

Sentí un escalofrío al oír sus palabras.

—Pero, si sale mal la primera vez, ¿no podríamos intentarlo de nuevo volviendo atrás en el tiempo?

—No. No me atrevo. Podríamos provocar una paradoja. Prefiero no intentarlo siquiera.

De pronto desapareció toda la alegría que había sentido mientras venía hacia aquí. Hasta me pareció que el cielo se oscurecía. Pero nada había cambiado, salvo en mí mismo.

Pasamos al taller, que estaba irreconocible, convertido en un verdadero caos de cables, cajas, herramientas y aparatos. En el fondo, en el lado opuesto a la puerta por donde acabábamos de entrar, se alzaba una construcción rarísima: parecía un ataúd de metal brillante colocado sobre un enorme pedestal negro. Jamás había visto nada parecido.

—¿Qué es eso? —exclamé, señalándolo.

Jean sonrió. Estaba gozando al enseñarme su invento.

—Lo que ves es una estación de transferencia de materia —explicó.

—Pero ¡si no se parece nada a las estaciones normales! ¿Por qué tiene esa forma tan rara?

—La parte de abajo es un simple almacén clasificador de átomos. Todas las estaciones lo tienen. Pero en las que tú estás acostumbrado a usar, suele estar debajo de tierra, por razones estéticas.

—¿Para qué sirve eso que parece un ataúd? Y ¿dónde está la cabina de transferencia?

—Eso que tú llamas «ataúd» es la cabina. La he hecho lo más pequeña que he podido. Se adapta a la forma del cuerpo humano.

—Pero ¿por qué está horizontal?

—Porque tu amiga estará tendida boca abajo en la guillotina. Me he visto obligado a mantener la misma postura, para facilitar la transferencia. Al controlarlo todo desde una sola estación, las cosas son mucho más difíciles. Debo reducir al mínimo el número de variables independientes y de grados de libertad, lo que me obliga a mantener constantes muchos parámetros.

—Comprendo. Perdona que te haga tantas preguntas.

—En absoluto. Eres la primera persona en ver el aparato. Me alegro de tener la oportunidad de explicárselo a alguien.

Jean volvió a frotarse las manos. Parecía tener muchas esperanzas del buen éxito del experimento. O quizá no estaba tan preocupado como yo por las terribles consecuencias de un fracaso.

—¿Dónde están los mandos? —indagué.

—Allí —respondió Jean, señalando una parte de la habitación casi oculta tras un laberinto de cables. Me acerqué y vi con asombro que, en lugar de una pantalla, el cronovisor tenía ahora dos, ambas encendidas. La imagen que presentaban me resultó muy familiar. ¡La había visto tantas veces!

La gran explanada de la plaza de la Revolución está desierta. En su centro se alza la horrible construcción del patíbulo y sobre este se eleva hacia el cielo la gran guillotina. Siento náuseas. El recuerdo de la alucinación que sufrí durante mi última sesión con el cronovisor invade mi cerebro.

Con un esfuerzo logré controlar mi angustia, reducirla de nuevo dentro de unos límites razonables. Me sentía enfermo, pero era preciso seguir adelante.

Al mirar los controles del cronovisor me di cuenta de que el aparato estaba sincronizado a las nueve y media de la mañana del diez de abril de 1794. Faltaba poco más de hora y media para el instante decisivo. Al parecer, Jean tenía la intención de dejar avanzar la sincronización en tiempo real.

Se lo pregunté.

—En efecto. Como ya te he dicho, no quiero andar tocando los controles temporales cerca del momento crítico. Podría desequilibrar el aparato.

Para distraerme, me puse a curiosear el cronovisor, que era el instrumento que me resultaba más familiar. Los controles de sincronización eran muy parecidos a los que yo había utilizado durante el curso, pero ¿qué era aquella palanca o interruptor situada a mano derecha?

—Ese mando desencadena la transferencia de materia entre el punto enfocado por la pantalla y el recinto receptor que has visto antes. El control de sincronismo espacial del cronovisor actúa simultáneamente en la estación de transferencia. De esta manera, utilizando un solo sincronizador compartido por las dos partes principales del aparato, me aseguro de que no pueda producirse ningún desfase entre ellas.

—Ya veo. Pero la imagen que aparece en la pantalla es muy amplia. Casi abarca toda la plaza. ¿Cómo sabrá el aparato que solo debe traer a Marie?

—No creas que voy a dejarlo así. Cuando se aproxime el momento, lo enfocaré al punto exacto. Pero es mejor mantenerlo por ahora con una perspectiva más amplia. Así veremos llegar a tu amiga y podremos prever el instante crítico con más precisión.

—¡Aún falta más de una hora! La espera se me va a hacer eterna.

—¿Por qué no te vas a dar una vuelta? Un poco de aire te sentaría bien.

—Me gustaría. Pero no me atrevo. No sabes cómo está la calle. Me ha costado trabajo llegar hasta tu casa. Si me fuera ahora, no estaría seguro de poder volver a tiempo. Y yo tengo que estar aquí. Tú no sabes quién es Marie. Creo recordar que había varias mujeres en el grupo que fue guillotinado aquel día.

—Sin duda la reconoceré. No me cabe duda de que será la más hermosa.

No me hizo gracia la broma. Para mí todo esto era un drama que en cualquier momento podía convertirse en tragedia. Pero aún quedaba una leve esperanza de que llegara el final feliz.

—Puesto que no quieres salir a la calle, te aconsejo que te vayas a la sala de estar a descansar un poco. Te veo muy agitado. ¡Ánimo, muchacho! ¡Todo saldrá bien! Mis ecuaciones no pueden fallar. Al menos, eso espero.

Yo creía que nada que Jean pudiera decir podría preocuparme aún más de lo que estaba, pero me equivoqué. Aquí tenía la prueba palpable. Hasta ahora había tenido una fe ciega en sus teorías, sin atreverme siquiera a ponerlas en duda. Pero al ver que él mismo necesitaba tranquilizarse, mi ansiedad se multiplicó por mil. Por un momento deseé rogarle que me enviara al futuro, para escapar de esa hora que se me iba a hacer interminable. Pero comprendí que esos pensamientos eran totalmente estúpidos y luché de nuevo por controlarme.

Obedecí su consejo y pasé a la habitación contigua, pero no podía permanecer sentado. Estaba demasiado nervioso. Me levanté y paseé como un león enjaulado. Abrí la ventana y me asomé al exterior. Tenía razón en lo que le había dicho a Jean: la calle estaba intransitable. Todo el barrio latino, donde se encontraba la buhardilla que ocupaba mi amigo, estaba inundado por una inmensa multitud. De extremo a extremo de la calle no se veía otra cosa que cuerpos apretados unos contra otros, que trataban inútilmente de avanzar en una u otra dirección.

Cerré la ventana y volví a mi asiento. Miraba el reloj continuamente, pero no parecía avanzar. ¿Se habría parado? Por otra parte, los dos sistemas horarios que ocupaban mi mente, el que regía mi vida y el que seguía desarrollándose con tanta lentitud en la pantalla del cronovisor, se habían mezclado en mi cerebro produciéndome una confusión indescriptible. Cuando el reloj me anunciaba que eran las nueve de la mañana me decía: «Todavía faltan dos horas», pensando que la ejecución de Marie tendría lugar a las once, sin comprender claramente, hasta después de realizar un esfuerzo, que la hora del día diez de abril de 1794 no tenía nada que ver con la del catorce de julio de 2089.

Incapaz de resistir la incertidumbre por más tiempo, volví al taller. Jean estaba sentado frente a la pantalla, contemplando la imagen. Mirando por encima de su hombro, comprobé que el público comenzaba a llegar. La hora de la ejecución se aproximaba, pero aún faltaba mucho tiempo.

Por enésima vez, intenté distraerme buscando otro tema de conversación. De pronto se me ocurrió una idea. Posé la mano en el hombro de Jean y dije:

—¿Puedo hacerte una pregunta?

—Adelante —respondió sin volverse.

—Yo tenía entendido que los cronovisores eran máquinas muy difíciles de fabricar. Al menos, eso es lo que se ha dicho para justificar su escasez. Nos costó mucho trabajo conseguir un aparato para la Sorbona que, en atención a la efemérides de este año, quedó asignado a nuestro departamento.

—¿Y bien?

—Pues que ya no estoy tan seguro, puesto que veo que tú has sido capaz de construir uno, y al parecer, según me has dicho, no has utilizado más que componentes que cualquiera puede conseguir en una sencilla tienda de electrónica.

—Así es.

—No me lo explico.

Jean meditó durante un rato antes de proseguir la conversación. Pero al fin rompió el silencio y dijo:

—Naturalmente, yo había oído la versión oficial sobre la dificultad de construir cronovisores. No conozco la razón, pero la sospecho. Me parece que toda la información referente al diseño de estos aparatos se considera alto secreto. Sin duda, alguien tiene intención de utilizarlos como arma, aunque no sé de qué manera podrían conseguirlo. O tal vez temen permitir su uso indiscriminado por alguna otra razón. Sea como sea, el acceso a los cronovisores está muy restringido.

—Entonces, ¿por qué nos han concedido uno para la Sorbona?

—Probablemente han considerado que ese caso estaba justificado y que el peligro de su mala utilización era muy pequeño.

—¿Por qué?

—Piénsalo. El mero hecho de que se ha provocado una competencia furiosa entre los estudiantes asegura que el cronovisor no podrá ser utilizado para fines distintos de los previstos y que nadie podrá estudiar su diseño y su construcción. Estoy seguro de que os espiabais unos a otros y que Marmaduke Smith no fue el único traidor entre vosotros.

—¡Yo nunca entré en ese juego! —exclamé acalorado.

—Pero otros sí han entrado, ¿no es verdad?

No contesté a su pregunta. Sabía demasiado bien que tenía razón.

—Sin embargo, tú sí has sido capaz de construirlo —dije al cabo de un rato—. ¿De dónde sacaste la información?

—Mi tesis me ha permitido tener cierto acceso a alguna información secreta. Además, he leído todo lo que se ha publicado sobre el tema. Por último, los datos que me faltaban los he deducido yo mismo.

—Entonces, ¡cualquiera que se lo proponga puede construir un cronovisor! Eso quiere decir que van a fracasar los que intentan evitar que se difunda.

—Eso suele suceder más pronto o más tarde con todos los descubrimientos. Sin embargo, no creas que sea fácil deducir todo lo que yo he deducido.

—No pongo en duda tu capacidad ni tu genio, pero el mundo es muy grande y en él viven muchos miles de millones de personas. ¿No crees que pueda haber otras, tan inteligentes como tú, que se interesen por el cronovisor y hagan lo que tú has hecho?

—¿Y qué, si los hay?

—¿Acaso crees que todos ellos van a mantener en secreto sus descubrimientos? Seguro que alguno los publicará y entonces el cronovisor se convertirá en un instrumento de uso público.

—Tal vez ocurra eso, pero desde luego yo no pienso dar ese paso.

—¿Por qué?

—Porque quiero reservarme la facilidad de hacer grandes descubrimientos durante el mayor tiempo posible. Si son muy pocos los que conocen estas cosas, es menos probable que alguien se me adelante. Pero veo que al fin has logrado conseguir tu propósito de que la espera no se nos haga tan larga. ¡Fíjate! Aquí viene la carreta.

Era verdad. En los últimos minutos, el tiempo había volado. La plaza de la Revolución aparecía ahora en las pantallas abarrotada de público. El verdugo había ocupado su puesto. La carreta se acercaba lentamente, llevando su carga de condenados a muerte. Uno de aquellos desgraciados, que aún estaban demasiado lejos para que yo pudiera distinguirlos, era Marie.

Me parecía estar reviviendo una parte de mi propia vida. No es igual que cuando vuelves a ver una película que ya has visto, lo que no se distingue demasiado de releer un libro. Mientras miras la pantalla sabes que tú estás fuera de aquello, que no te afecta directamente. Pero en las imágenes del cronovisor estaba a punto de aparecer una persona que me importaba mucho y que iba a enfrentarse a un destino terrible. Yo no podía permanecer tranquilo ante una situación así.

—Estate quieto, Gómez —me dijo Jean de pronto—. No te muevas mucho, por favor. Necesito poner la mayor atención en esto. Si me distraes, puede que el experimento salga mal por tu culpa.

Sus palabras no podían haber sido mejor elegidas. Desde ese momento fui silencioso como una tumba, inmóvil como una estatua. Mis ojos se clavaron en las dos pantallas, bebiendo las imágenes que en ellas aparecían.

El carro había llegado al pie del patíbulo. Por primera vez, como el día de mi última sesión con el cronovisor, Marie apareció ante mis ojos. De nuevo sentí que me fallaba el corazón, pero esta vez hice un esfuerzo supremo para dominarme. Lo conseguí.

—¿Cuál de ellas es? —me preguntó Jean.

Se la señalé. Su voz me había afectado desagradablemente. Demasiado fuerte, demasiado ajena a la tragedia. Era evidente que estaba tranquilo, como quien contempla un cuadro o asiste a una representación teatral.

El primer condenado subió lentamente los escalones de madera. No era Marie.

—¡Estupendo! —exclamó Jean—. Así veremos cómo lo hacen. Estaremos mejor preparados.

Sus palabras me dieron asco. ¿Qué pensaría la víctima si las oyera?

Empujado por los ayudantes del verdugo, el condenado fue obligado a tenderse. Su cuello fue colocado en el lugar adecuado. Su cabeza sobresalía por encima de un cesto cuyo interior aparecía ominosamente teñido de color rojo. El verdugo asió la palanca que liberaba la cuchilla, dio un fuerte tirón y el mecanismo se puso en marcha. La hoja refulgente cayó, segando una vida en menos de un segundo. La cabeza cortada cayó al cesto.

Nadie se molestó en recogerla, en enseñarla al pueblo. Eso se hacía solo con los personajes más importantes. Recordé que Danton había dicho al verdugo al subir al patíbulo:

—Muéstrale mi cabeza al pueblo. ¡Vale la pena!

Los guillotinados de aquel día no parecían ser gente importante. Uno tras otro fueron subiendo al patíbulo entre la indiferencia de los asistentes, que solo se interrumpía en el momento de caer la cuchilla. Entonces se alzaban las voces, se oían vítores y aplausos.

Yo no podía retirar la mirada. Como hipnotizado, con los ojos fijos en la guillotina, veía subir y bajar la hoja de acero. Dentro de un momento, el cuello de mi amada estaría debajo de ella.

De pronto percibí que Jean actuaba rápidamente sobre los controles. La imagen de las pantallas cambió.

—¿Qué pasa? —pregunté en un susurro.

—Es su turno —respondió con tono normal.

Cada pantalla presentaba ahora una imagen distinta. Cada una respondía a un conjunto de mandos diferente, de modo que podíamos ver dos escenas simultáneas. En una de ellas aparecía el pie de la guillotina. La otra se enfocó sobre la palanca que hacía bajar la cuchilla.

—Las dos pantallas están sincronizadas con el mismo instante de tiempo —explicó Jean—, pero los ajustes de posición son independientes. La primera está conectada con la estación de transferencia de materia. Con ella tengo que enfocar exactamente el cuerpo de Marie. Pero también tengo que ver la palanca del verdugo. En caso contrario, no conocería el momento exacto de actuar, el instante crítico.

El cuerpo de una mujer descendió lentamente hasta llenar la primera pantalla. La reconocí inmediatamente, a pesar de que solo la veía de lado y el rostro estaba oculto. Era Marie. Había llegado el momento.

Los segundos se me hicieron eternos. Vi unas manos que asían su cuello para colocarlo en la posición adecuada y sentí un violento deseo de aplastarlas. Las manos se retiraron. Una mano distinta apareció en la segunda pantalla, junto a la palanca. Jean se puso tenso. Los ojos fijos en esta pantalla, asía el gran interruptor de la derecha como si le fuera en ello la vida.

En el mismo instante en que la mano del verdugo movió la palanca, Jean trasladó el interruptor a la posición opuesta. Pero yo no vi lo que ocurrió. Incapaz de resistir por más tiempo, había caído al suelo desmayado.

EL RESULTADO

Volví en mí al sentir que unas manos me abofeteaban. Me puse en pie de un salto. A mi lado, de rodillas en el suelo, estaba Jean Moulin.

—¿Qué ha pasado? —exclamé—. ¿Ha salido bien?

—Aún no lo sé. Te he atendido a ti primero.

—¡Vamos a verlo! ¡Rápido!

Corrimos hacia la estación receptora. Pero aunque fui el primero en llegar, no me atreví a alzar la tapa. Aquel objeto, semejante a un ataúd, me producía escalofríos. ¿Qué encontraríamos dentro?

Sin embargo, Jean, que llegó un momento después que yo, no parecía tener los mismos escrúpulos. Sin ponerse nervioso, subió sobre el pedestal que contenía el almacén de átomos, desató los cierres y abrió la cabina.

No tuve valor para imitarle, para subir al pedestal, y desde donde estaba no podía ver el interior de la caja. Creo que cerré los ojos. Tampoco tenía fuerzas para hablar, para preguntarle qué había encontrado allí dentro. ¿A Marie? ¿Un cadáver? ¿O quizá algo más terrible?: ¿simplemente el vacío?

De pronto oí una voz, cuyo sonido resonó bruscamente en el silencio. Era la voz de Jean Moulin, que decía:

—Señorita, levántese, por favor.

Con un violento esfuerzo de voluntad, me obligué a mirar hacia la cabina. Jean estaba arrodillado sobre la tarima, ayudando a una mujer que yacía en su interior, al parecer boca abajo. Al principio no pude verla bien, porque el cuerpo de mi amigo me lo impedía. Solo me di cuenta de que tenía el pelo rubio. Por fin pudo ponerse de rodillas, aunque parecía estar muy débil y Jean tuvo que sostenerla. Entonces sus ojos se volvieron hacia mí y pude contemplar por primera vez, fuera de la pantalla del cronovisor, el rostro de Marie.

Estaba terriblemente pálida. Una extraña expresión, mezcla de asombro, asco y horror, había alterado sus facciones. Pero la reconocí inmediatamente. Era el mismo rostro que me había fascinado desde la primera vez que lo vi, el veintisiete de enero, cuando ella tenía unos doce años.

Casi lancé una alegre exclamación de saludo, como si me dirigiese a una persona muy querida a quien no hubiese visto por algún tiempo. Mas de pronto recordé que yo era, para ella, un desconocido. Marie no me había visto jamás, no sabía nada de mí, ni de mi interés por ella. No podía saber que se había salvado de la muerte en el último instante gracias a mí, que la había arrancado del pasado para librarla del destino que había acabado con tantos de sus compatriotas.

Ni siquiera era consciente de haber viajado hacia el futuro. Poniéndome en su lugar comprendí sin dificultad su asombro indecible al encontrarse lejos de la guillotina, en un lugar extraño, abarrotado de objetos que ni en sus más locos sueños había podido imaginar. Vi que sus ojos se movían acá y allá, captándolo todo, y que aparecía en ellos una expresión cada vez más asustada. Después bajó la mirada fijándose en sus ropas, movió lentamente las manos tanteando su cuerpo, como si no estuviese convencida de estar despierta o de encontrarse aún entre los vivos.

Levantándose de nuevo, sus ojos se posaron en mí, recorriéndome de arriba abajo. Entonces su mirada se dulcificó, apareció en ella un claro aire de alivio. Me sentí inexpresablemente halagado. Por último, volvió la cabeza para mirar a Jean, que aún la sostenía. Y al fin sus labios se abrieron tímidamente y dijo en voz muy baja sus primeras palabras:

—¿Estoy en el cielo o en el purgatorio?

Jean lanzó una carcajada que pareció asustar a Marie. En cuanto a mí, me había quedado mudo de asombro. ¡Claro! Ella creía estar muerta. Había sido colocada bajo la cuchilla, esperaba que cayera sobre su cuello de un momento a otro y de pronto, sin pausa alguna, se encontró en la más absoluta oscuridad, encerrada en un recinto estrecho y misterioso. Y al abrirse este vio ante sus ojos una habitación rarísima, llena de objetos extraños y ocupada por dos hombres vestidos con ropas muy distintas de las que llevaban las gentes de su época. Todo esto no había hecho otra cosa que confirmar su primera idea: este lugar tenía que ser la otra vida, la vida más allá de la muerte.

—No, señorita —dijo entonces Jean—. No está usted en el cielo, ni tampoco en el purgatorio.

Marie palideció. Pero, afortunadamente, yo sabía lo que le preocupaba y me apresuré a calmarla diciendo:

—Tranquilízate. Tampoco estás en el infierno.

Me tomé la libertad de tutearla. Al fin y al cabo, la conocía desde niña.

—Entonces, ¿dónde estoy? ¿Qué ha pasado?

Pero antes de que pudiera darle alguna explicación, Jean se me adelantó:

—Creo que será mejor que vayamos a un lugar más cómodo. Ayúdame, Gómez. Vamos a llevarla al cuarto de estar.

Al tomar en mis manos el brazo de Marie, sentí una emoción tan profunda que me pareció que era yo, más que ella, quien necesitaba ayuda para caminar. Avanzamos muy lentamente a través del laberinto de cables e instrumentos hasta llegar a la puerta que daba paso a la habitación contigua. El aspecto más corriente del mobiliario de la sala pareció calmar a Marie bastante más que nuestras palabras. Al fin y al cabo, las mesas, las sillas y los sofás no han cambiado mucho en los últimos trescientos años. Su mente encontraba en ellas algo a que aferrarse, formas conocidas que le hacían sentirse por primera vez como si pisara terreno firme, mientras que hasta ahora le parecía hallarse suspendida en el vacío.

La llevamos al sofá, donde se dejó caer como quien está al borde del agotamiento. Jean y yo no tomamos asiento a su lado, para no agobiarla, sino frente a ella, en sendas sillas. Mi amigo estaba radiante, cosa que no me extrañó: el feliz resultado del experimento había probado sus teorías del modo más espectacular. Yo, en cambio, sentía una extraña mezcla de alegría y de preocupación. Alegría porque habíamos conseguido salvar la vida de Marie, preocupación porque, por primera vez, acababa de plantearme el gran problema que ahora se nos presentaba: ¿cómo reaccionaría la muchacha al viaje hacia el futuro? ¿Sería capaz de adaptarse a este ambiente tan distinto del suyo?

Después de descansar unos momentos en silencio, Marie alzó la cabeza y, con voz más segura, repitió la pregunta:

—¿Dónde estoy? ¿Qué ha pasado?

Vacilé un momento antes de responder, pues no sabía qué podría decirle, cómo explicarle la situación. Jean aprovechó para adelantárseme y dijo:

—Trata de comprender que no solo estás en la Tierra, sino que no has salido de Francia. Puedes asomarte a la ventana, si lo deseas, y verás las calles de París.

Me molestó un poco que Jean también la tuteara. Marie ignoró el consejo y preguntó de nuevo:

—Pero ¿cómo he llegado hasta aquí? Hace un momento estaba…

No pudo continuar. Su voz se estranguló en un sollozo. Traté de pensar algo que la consolara, pero Jean fue más rápido otra vez:

—Estabas bastante cerca de aquí en el espacio, pero muy lejos en el tiempo.

Marie no dijo nada, pero la expresión de su rostro indicaba que no había comprendido las palabras de Jean. Entonces, por fin, hablé yo:

—Quiere decir, Marie, que has hecho un viaje en el tiempo. Que ya no estás en el año 1794, sino en el 2089. Han pasado casi tres siglos.

Sus ojos, llenos de perplejidad, se volvieron hacia mí.

—¿Tres siglos? ¿Es cierto? ¿Cómo puede ser eso? Yo no los he vivido.

—Tienes razón. Esos tres siglos han pasado, pero no para ti. Te los has saltado. Pasaste bruscamente del día diez de abril de 1794 al catorce de julio de 2089. Nosotros te hemos llamado, te hemos hecho venir por medio de una máquina.

—Una vez vi una de esas máquinas que utilizan vapor para sacar agua de un pozo, pero jamás oí hablar de una que te haga saltar tres siglos hacia el futuro.

—Es natural que no la conozcas —intervino Jean—. Acabo de inventarla.

Marie movió la cabeza como si lo que estábamos hablando estuviera fuera del alcance de su imaginación. Después preguntó:

—Dices que me habéis hecho venir. ¿Para qué? ¿Qué queréis de mí?

—Queríamos salvarte la vida —repuse.

—Dejemos las cosas bien claras —dijo Jean—. No te hemos hecho venir porque te necesitemos para nada. Como te he dicho, yo acabo de inventar una máquina del tiempo y tenía que probarla, trayendo a esta época a una persona del pasado. Mi amigo insistió en que esa persona fueses tú.

Marie me miró directamente a los ojos y dijo:

—¿Por qué yo, precisamente? ¿Qué sabes de mí? Dices que hace trescientos años que pasó aquello... que a mí me parece que sucedió hace unos minutos. Yo no soy nadie. ¿Quién puede tener interés por mí tres siglos después de... mi muerte?

Había llegado el momento decisivo. Pero no tuve fuerzas para confesarle mi amor. Pensé que hacerlo sería aprovecharme indebidamente de su situación. Decidí callar mis sentimientos.

—Yo tengo interés por ti, Marie. Hace algún tiempo que he venido siguiéndote.

—¿Siguiéndome? ¿Cómo?
—Por medio de otra máquina, que llamamos cronovisor, que nos permite ver las cosas que sucedieron en otros tiempos y en otros lugares.
—No lo entiendo. No puedo entenderlo.
Jean se puso en pie de un salto.
—Tengo una idea. ¿Por qué no le enseñas a Marie una escena que ella pueda reconocer? Tenemos un cronovisor ahí dentro.
—Me parece bien, si ella quiere —dije.
Como única respuesta, Marie se levantó. Traté de ofrecerle mi brazo para que se apoyase, pero lo rechazó diciendo:
—Gracias. Puedo andar sola.
Regresamos al taller, donde el cronovisor continuaba encendido y conectado con la escena de la plaza de la Revolución. El lugar donde se tendían los condenados, donde había estado Marie antes de que la arrancásemos de la muerte, estaba vacío. Evidentemente habían terminado las ejecuciones de aquel día.
Antes de que la muchacha pudiera ver la imagen de la pantalla, que le recordaría cosas muy desagradables, me apresuré a cambiar el sincronismo. Marqué entonces las coordenadas de la casa de Marie el día tres de septiembre de 1791. Las recordaba muy bien, pues era una de las fechas que había sincronizado durante el curso en mis sesiones con el cronovisor.
La escena que apareció en la pantalla me resultaba muy familiar. Allí estaba Marie, con su amiga Louise y con Camille Desmoulins, que pasó aquel verano refugiado en su casa, para escapar del arresto ordenado por la Asamblea Constituyente.

—¿Reconoces esto, Marie? —le pregunté.

La joven clavó los ojos en la pantalla. Se puso muy pálida y dijo, con voz entrecortada:

—Es mi casa... Eso pasó hace más de dos años... Camille estaba vivo...

Y, sin poder contenerse, rompió a llorar desesperadamente.

Comprendí que había cometido un error al mostrarle a su amado. Había olvidado que, para ella, él había muerto hacía solo cinco días. Su pérdida estaba demasiado próxima.

Cambié el sincronismo para que desapareciera la imagen y llevé a Marie de nuevo a la sala de estar, tratando de consolarla. Jean se detuvo un momento a desconectar el aparato y se reunió enseguida con nosotros. Marie tardó algunos minutos en serenarse. Luego levantó el rostro cruzado por numerosos regueros de lágrimas y dijo valientemente:

—Perdonad. Ya estoy más tranquila.

—Siento que la escena que te he enseñado te haya causado tanta pena —dije, tratando de excusarme.

—Ha sido mejor así —respondió Marie—. Tal vez necesitaba esto para comprender lo que queréis decir. Ahora ya lo sé. Esa máquina, que no sé si es arte diabólica o no, permite ver las cosas que han pasado hace mucho tiempo.

—Exactamente. Así es. Yo te conocí, porque fui siguiendo algunos de los momentos de la vida de Camille Desmoulins.

—Pero, entonces, ¡has visto todo que yo he hecho, incluso cuando creía estar sola! —exclamó, y al decir estas palabras enrojeció profundamente.

—No, Marie. Cuando te he visto en tu casa, siempre ha sido en esa habitación y acompañada por alguien.

—Gracias. Eres un caballero. Pero puede haber otras máquinas, además de esta. Y las habrá, sin duda, en el futuro. ¿Cómo podemos saber que no nos observan en nuestros momentos más íntimos? ¿Cómo podemos estar seguros de que alguien no nos está espiando en este mismo instante? Nunca nos veremos libres de la duda. Ya no podremos estar tranquilos jamás.

Me asombró la claridad de su mente. Yo, que estaba acostumbrado al cronovisor, que conocía su existencia desde bastante tiempo atrás, que había trabajado con él, no había pensado nunca en esto. Pero Marie tenía razón. La vida privada se había acabado. Quizá no la habíamos tenido nunca.

—Es verdad que siempre supimos que alguien nos estaba observando —continuó Marie en voz baja, como si hablara para sí misma—. Dios es consciente de todo lo que hacemos e incluso de nuestros más ocultos pensamientos. Pero Dios es nuestro creador. Tiene derecho a observarnos. Es muy distinto cuando son otros seres humanos los que lo hacen. Ellos no tienen ningún derecho. Aunque no me sorprendería que se considerasen superiores a nosotros, solo porque saben lo que estamos haciendo sin que nosotros nos demos cuenta. Tal vez están orgullosos de ello, sin comprender que lo que hacen es lo mismo que han hecho siempre los malos criados con sus amos: espiarles por el ojo de la cerradura, escuchar conversaciones que no les conciernen.

Ahora me tocó a mí el turno de sonrojarme. Aunque estoy seguro de que ella no lo dijo con esa intención, sus palabras iban directas a mí como la flecha a su objetivo.

Yo también había sido uno de esos espías que ella tanto despreciaba. Y hube de reconocer en lo profundo de mi alma que alguna vez tuve la sensación de superioridad a la que ella aludía y me sentí con respecto a los personajes que observaba como un gran científico estudiando las costumbres de los insectos.

Durante largo rato, ninguno de nosotros supo qué decir. Creo que Jean Moulin también había recibido el impacto y estaba un poco avergonzado. Por fin Marie salió de su ensimismamiento, levantó la cabeza y rompió el silencio.

—Veo que vosotros sabéis muchas cosas sobre mí, por ejemplo, cómo me llamo. Yo, sin embargo, no sé nada de vosotros.

—Tienes razón, Marie —respondí—. Debíamos habernos presentado. Yo soy Isidro Gómez.

—Y yo Jean Moulin.

—Tú eres francés, como yo, ¿verdad? Pero tu nombre parece extranjero —añadió, dirigiéndose a mí.

—En efecto, soy español.

—Y ¿qué te hizo fijarte en mí? ¿Por qué me elegiste para salvarme de la guillotina?

—Me impresionó mucho tu juventud… Me dio mucha pena que te mataran…

Hablé con dificultad, pues no quería reconocer mis verdaderos motivos. Todavía no.

—Yo habría dado con gusto mi vida para salvar a otra persona —murmuró, pensativa.

—Lo sé. Sé que estás enamorada sin esperanza de Camille Desmoulins.

Marie enarcó las cejas.

—Veo que no puedo ocultarte nada.

—Perdóname. Estoy avergonzado de lo que hice.

—No te preocupes —replicó con una sonrisa—. No te guardo rencor. Pero se me ocurre una idea —añadió, dirigiéndose a Jean—. Según me has dicho, tú eres el inventor de esa máquina que me ha salvado de la guillotina. ¿No podrías utilizarla otra vez para hacer lo mismo con otra persona?

—¿Con Camille? —pregunté, anonadado.

—Precisamente.

Jean meditó profundamente antes de contestar.

—En teoría es posible. Pero comprenderás que yo no puedo dedicarme a traer al presente a todos los condenados a muerte de la historia.

—No te pido que traigas a todos. Solo a uno.

—Será cuestión de estudiarlo. Pero puedo decirte algo: para funcionar, esa máquina tiene que disponer de ciertas cantidades de determinadas sustancias. Todo lo que tenía se agotó para traerte a ti. Aunque quisiera, no podría traer a otro ahora.

—Pero podrías conseguirlo, ¿verdad? Y, si no he comprendido mal, no importa el tiempo que te cueste. Siempre puedes volver al momento exacto y traer a Camille junto a nosotros.

—Se puede intentar. Como te he dicho, lo pensaré.

La posibilidad de que Camille Desmoulins fuera traído al siglo XXI para hacerme la competencia en mis relaciones con Marie me resultaba insoportable. Naturalmente, no dije nada, pues toda oposición iría en perjuicio de mis propios intereses. Pero la idea me obsesionaba y arrojó un manto de tristeza sobre el resto de aquel día.

Para no tener que salir a la calle, comimos algunos fiambres que Jean tenía en el refrigerador y pasamos la tarde respondiendo a las preguntas de Marie y explicándole muchas cosas sobre la vida en el siglo XXI. Su curiosidad era inagotable, pero sus fuerzas físicas tenían un límite. Comenzaba a oscurecer cuando la joven no pudo contener los bostezos y dio muestras claras de hallarse agotada. Entonces se planteó un nuevo problema.

—¿Dónde va a dormir Marie esta noche? —pregunté.

—Aquí mismo —respondió Jean, tranquilamente.

—Pero ciudadano Moulin —exclamó ella, asombrada—, ¡tú vives aquí! Yo no puedo pasar la noche en casa de un hombre solo.

La dificultad que Marie planteaba no era pequeña. Si hubiésemos vivido hace treinta años, la cosa habría sido fácil: bastaba con llevarla a uno de los muchos hoteles que entonces existían y alquilarle una habitación. Pero, con la difusión de las estaciones de transferencia de materia, los establecimientos hoteleros habían desaparecido. Como ahora se podía viajar instantáneamente a cualquier lugar de la Tierra, era mucho más cómodo y barato que cada uno pernoctara en su propio domicilio.

Jean resolvió la dificultad.

—Tú dormirás aquí. Yo pasaré la noche en casa de mi amigo. ¿Tienes una cama para mí? —me preguntó.

—Por supuesto, serás bienvenido —respondí—. Pero ¿no tendrás miedo de quedarte sola?

—¿Miedo? ¿Por qué? ¿Qué puede ocurrirme? Nadie sabe que estoy aquí. No creo que vengan a guillotinarme otra vez.

Dijo esto con una sonrisa. Desde luego, esta muchacha era extraordinariamente valerosa.

—No dejes entrar a nadie —le dijo Jean cuando nos disponíamos a marcharnos, después de mostrarle dónde estaban las cosas más imprescindibles—. Si llama alguien, no contestes siquiera. Es mejor que crean que he salido. Con las festividades de hoy, nadie se extrañará si vuelvo tarde a casa.

Un poco preocupado por dejarla sola, me despedí de Marie, prometiéndole volver a primera hora de la mañana. La puerta se cerró tras de nosotros. Las escaleras estaban ya oscuras. Mientras bajábamos, me pareció ver una sombra algo más intensa junto a una de las puertas, pero supuse que sería uno de los vecinos del edificio y no le di mayor importancia.

Una vez en la calle, Jean y yo nos dirigimos lentamente hacia la estación de transferencia más próxima, a través de un gentío que ya comenzaba a disminuir.

SOSPECHA Y DIVERSIÓN

A la mañana siguiente, bien temprano, saqué de la cama a Jean Moulin para volver a París. Estaba preocupado por Marie. ¿Cómo habría pasado la noche, sola en aquella buhardilla? Esperaba que no se le hubiera ocurrido salir a la calle, aunque la consideraba capaz de ello. ¿Y si se hubiese perdido? Afortunadamente, parecía estar muy cansada, lo que no era extraño: ese mismo día había sido guillotinada. Bueno, casi. Porque la cuchilla había cortado su cuello, pero un instante antes su antiguo cuerpo había dejado de ser suyo.

Sin perder tiempo en desayunar, nos dirigimos a la estación de transferencia más próxima y nos trasladamos a París. Eran las siete de la mañana. Las calles estaban desiertas. Las festividades no habían terminado, pero aquel día se esperaban muchos menos visitantes: unos veinte millones, en vez de cincuenta, como la víspera. Además, no empezarían a llegar hasta una hora más tarde, aproximadamente.

Llegamos sin problemas a casa de Jean, quien se dispuso a abrir la puerta con su llave. Mas de pronto le vi enderezarse y se volvió hacia mí, diciendo:

—La cerradura ha sido forzada.

Horrorizado por lo que eso suponía, la miré con atención, esperando contra toda esperanza que se hubiese equivocado, pero no cabía duda posible. Las señales eran demasiado claras. Mil preguntas se atropellaron en mi mente: ¿quién podría querer entrar en la casa de Jean Moulin durante la noche? ¿Con qué objeto? ¿Qué habría sido de Marie? Esta última era la cuestión más importante, al menos para mí.

A pesar de que la cerradura había quedado bastante deteriorada por la manipulación que había sufrido, Jean consiguió al fin abrir la puerta y entramos en el vestíbulo. No se veían señales de lucha o de desorden. Me disponía a registrar la casa, cuando se abrió la puerta del dormitorio y apareció Marie. El alivio que sentí fue tan grande que tuve que apoyarme en un mueble para sostenerme en pie.

—¿Qué sucede? —preguntó la muchacha—. Parecéis asustados.

Sin responder a la pregunta, Jean pasó de largo y se apresuró a entrar en el taller.

—Alguien ha entrado en la casa durante la noche —expliqué—. ¿No te has dado cuenta?

La cara de asombro de Marie fue muy expresiva. Era obvio que no se había enterado de nada.

—He dormido toda la noche de un tirón —dijo—. No he oído nada raro.

Jean volvió al cabo de un rato. Parecía muy sorprendido y un poco asustado.

—No falta nada —dijo—. Lo he revisado todo cuidadosamente. Es evidente que el intruso no ha venido a robar.

—Pues entonces, ¿a qué ha venido? Tampoco ha molestado a Marie.

—Tal vez esperaba encontrar la casa sola y se ha asustado al ver que estaba yo —sugirió la joven.

Pero Jean movió la cabeza, dudoso.

—No creo que haya sido un ladrón. ¿Quién podría querer robarme a mí, si nunca tengo un céntimo? No. Hay alguna otra razón. Y me parece que sé cuál es.

—¿Cuál? —preguntamos a coro Marie y yo.

—Mis experimentos. Alguien quiere adelantárseme para quitarme la gloria.

—Pero ¿quién sabe lo que estás haciendo?

—Mi director de tesis, naturalmente, tiene una idea de por dónde van mis teorías, pero no sabe que las estoy poniendo en práctica. Esto último lo he mantenido en absoluto secreto.

—Ayer, cuando nos marchamos de aquí, me pareció ver a alguien en la escalera, pero estaba muy oscuro. ¿Lo viste tú?

—No. No me fijé. Además, pudo ser cualquier vecino. No nos ayuda nada.

—¿Crees que Marmaduke Smith puede tener algo que ver con esto? Recuerda lo que te conté. Parece que había logrado enterarse de que tú y yo llevábamos algo entre manos, no sé por qué conducto.

—Es cierto. Habrá que tenerlo en cuenta.

—¿Qué piensas hacer?

—Nada. No puedo hacer nada. No voy a llamar a la policía, pues no se han llevado nada de la casa y todo está perfectamente ordenado. Es decir, tan desordenado como yo suelo tenerlo. La única indicación de que ha entrado alguien es que han forzado la cerradura.

—Quizá no lograron entrar.

—Sí, han entrado. Fíjate en esta huella, a este lado de la puerta. No es tuya ni mía, ni tampoco de Marie. Es el único indicio.

Tenía razón, el intruso había dejado una huella bastante clara en el polvo que cubría el suelo de la habitación. Era la marca de un zapato de hombre, bastante más largo que los míos o los de Jean.

—Todo esto me preocupa —continuó Jean—. Me siento vigilado. Algo se está tramando a mis espaldas. Pero no tengo bastantes datos. No me queda más remedio que esperar a ver si sucede algo más.

—¿No podrías apresurar la presentación de la tesis?

—Eso no puede hacerse en unos días. Todavía tengo que escribir la memoria. Pero quizá debería enviar un artículo corto a alguna revista técnica. Si me lo aceptan, podría publicar mis ideas en muy poco tiempo.

—Mientras lo piensas, propongo que vayamos a desayunar. Marie debe estar muerta de hambre.

—No os preocupéis por mí —dijo la muchacha.

—Tengo una idea mejor —repuso Jean—. Yo puedo pasar sin el desayuno o en caso necesario tomaré algo de lo que me queda en el refrigerador. Quiero ponerme a trabajar inmediatamente. Voy a escribir ese artículo y lo enviaré hoy mismo por la red de transmisión de datos. Pero vosotros no tenéis que quedaros aquí. Podéis salir a desayunar y luego sería conveniente que compraras algo de ropa para Marie. Con la que lleva llamará la atención. Hoy no importa demasiado, porque vendrán muchos visitantes de los lugares más exóticos del mundo, pero estaremos más tranquilos si resolvemos ese problema. ¿Tienes la tarjeta de crédito a mano?

—Sí. Siempre la llevo encima.

—Ahí no puedo ayudarte. Lo siento, pero he llegado al límite de mi crédito. Con los gastos del experimento, estoy en la bancarrota.

—No te preocupes.

—No volváis demasiado pronto. Voy a estar muy ocupado. Te sugiero que le enseñes a Marie el París del siglo XXI. Sin duda le sorprenderá.

—De acuerdo.

—Entonces, hasta luego.

Y sin prestarnos más atención, se dirigió al taller y cerró la puerta tras de sí. Marie y yo nos quedamos solos. Ella parecía un poco aturdida y no había comprendido todo lo que Jean y yo habíamos hablado, pero obedeció sin vacilar cuando le propuse que saliéramos a poner en efecto el programa que mi amigo nos había trazado.

Eran las ocho menos cuarto. Las calles estaban más concurridas, pero no tanto como el día anterior, por lo que se podía andar sin dificultades. Busqué una cafetería próxima y pedí el desayuno para los dos.

Jean tenía razón. La indumentaria de Marie atraía las miradas de la gente. En una época en que casi todas las mujeres llevan pantalones, las faldas y los vestidos llaman la atención, especialmente si son tan amplios y llenos de adornos y perifollos como los que llevaba mi compañera. Decidí buscar inmediatamente una tienda de ropa femenina o unos grandes almacenes que estuvieran abiertos a pesar de las celebraciones, porque el día podía considerarse casi festivo.

Pregunté al camarero, quien me informó de lo que deseaba saber. Había un lugar a propósito para conseguir ropa de mujer a menos de tres manzanas de allí. El único problema era que tendríamos que esperar hasta que abriera, lo que sucedería hacia las nueve de la mañana. Ahora eran las ocho y cuarto. Así pues, solo teníamos que alargar un poco el desayuno.

Si Marie llamaba la atención de los demás, ella tampoco se quedaba atrás. Su curiosidad era muy grande y se fijaba en todo. La forma de vestir de las mujeres del siglo XXI le parecía horrible, pero comprendió que tendría que imitarlas. Le extrañaba la ausencia total de carruajes en las calles. Todo el mundo iba a pie. Le expliqué que, durante el siglo XX y la primera mitad del XXI, casi todos utilizaban carruajes mecánicos, y que eran tan numerosos que París y todas las grandes ciudades llegaron a estar con gran frecuencia completamente congestionadas. Sin embargo, al difundirse las estaciones de transferencia de materia, los automóviles habían desaparecido. Ya no eran necesarios. Y ahora las calles estaban totalmente libres para pasear.

Marie se fijó también con gran sorpresa en todos los dispositivos que se utilizaban en la cafetería. Había máquinas por todas partes: una para hacer el café, otra para distribuir automáticamente cantidades fijas de azúcar, otra para leer las tarjetas de crédito de los clientes y cobrar electrónicamente la factura… Le sorprendió mucho la ausencia absoluta de moneda metálica.

—En realidad, aún circula —le expliqué—, pero solo en pequeñas cantidades y principalmente entre coleccionistas.

—Entonces, ¿cómo se pagan las cosas que se compran?

Saqué del bolsillo la tarjeta de crédito y se la enseñé.

—Esta tarjeta está fabricada con un material especial, que no se conocía en tu época. Se llama plástico. Dentro lleva una máquina muy complicada, pero diminuta, que puede hacer cálculos aritméticos muy deprisa y que, además, tiene también información respecto a la cantidad de dinero de que yo puedo disponer. Ese aparato que ves ahí, en la salida de la cafetería, está conectado con todos los bancos del mundo. Cuando yo introduzco mi tarjeta en la ranura, el aparato lee la información sobre el número de mi cuenta en el banco y el dinero que tengo y realiza el pago, pasando la cantidad adecuada de mi cuenta a la del dueño de la cafetería.

—Entonces tu dinero no existe. No es más que una anotación en una cuenta bancaria.

—Efectivamente. Y lo mismo ocurre con el de todos los demás. Por eso no circula.

—Pero ¿qué valor tienen esas anotaciones? En mi tiempo, las monedas eran de oro o de plata. Su valor era real. Y había un límite al número de monedas que podían circular. Pero no comprendo estos sistemas modernos de que me hablas.

—Es muy complicado, efectivamente. Yo mismo no estoy seguro de entenderlo muy bien.

La conversación nos había ayudado a pasar el tiempo. Eran casi las nueve. Pagué y salimos de la cafetería. Afortunadamente, la tienda que me habían indicado estaba abierta y pudieron proporcionarle a Marie un vestuario completo. Cuando salimos de nuevo al aire libre, mi compañera parecía una muchacha normal del siglo XXI. Su viejo vestido iba en una bolsa que yo llevaba al brazo y que pesaba una barbaridad.

—Y ahora, voy a enseñarte París —le dije, alegremente.

—Es curioso —repuso la muchacha—. Tú, que eres español, te ofreces a enseñarme París a mí, que he nacido en esta ciudad.

Por primera vez, sonreía. Parecía haber olvidado por el momento la tragedia del día anterior. Naturalmente, volvería a recordarla. Pero me prometí a mí mismo que trataría de alargar lo más posible estos momentos de olvido. La felicidad de Marie era muy importante para mí.

Decidí llevarla a ver en primer lugar los grandes monumentos conmemorativos de los tres centenarios de la Revolución, aunque nos exponíamos a encontrarnos allí con grandes masas de gente. Como es natural, el más concurrido sería el último, que acababa de inaugurarse oficialmente el día anterior: el obelisco giratorio de los jardines del Trocadero. Por esa razón decidí comenzar por él, porque tendríamos más posibilidades de verlo bien si íbamos temprano. Me dirigí, por tanto, hacia la estación de transferencia más próxima.

Como Marie no disponía de tarjeta de crédito y no sabía manejar la estación, elegí una cabina doble, de las que están previstas para adultos acompañados por niños y parejas de enamorados. Mi amiga observó con curiosidad mientras hacía pasar la tarjeta por la ranura y marcaba las coordenadas del sitio hacia el que nos dirigíamos. La transferencia no fue inmediata. Era obvio que el punto de destino estaba muy solicitado. Mientras aguardábamos, pregunté a Marie:

—¿No tienes miedo al utilizar la estación de transferencia?

—¿Miedo? ¿Por qué? Recuerda que ya tengo experiencia con estas máquinas. Porque esto es parecido al aparato que utilizó tu amigo Moulin para salvarme de la guillotina, ¿no es verdad?

—Esencialmente, sí. Pero solo sirve para llevarnos a cualquier otro lugar de la Tierra donde haya una estación parecida. No funciona a través del tiempo.

—Comprendo. Supongo que así será más fácil.

—Mucho más fácil. Aunque te diré la verdad: yo no entiendo muy bien cómo funciona la máquina de Jean Moulin. Siempre me gustó la ingeniería, el arte de construir máquinas, y creía saber un poco sobre esos temas porque había leído mucho por afición, pero al encontrarme con un verdadero experto he tenido que reconocer mi total ignorancia.

—Si tú te consideras ignorante, imagínate cómo seré yo —rio Marie.

En ese momento se encendió la luz roja de aviso. Dos segundos después estábamos en los jardines del Trocadero. Ante nosotros se extendía la cola inmensa de la gente que aguardaba para subir al obelisco giratorio.

Pasamos una larga, pero divertida mañana haciendo cola en los dos altos monumentos que flanqueaban el Sena en aquel punto: el obelisco del tricentenario y la Torre Eiffel del centenario, situada justo enfrente, en el Campo de Marte. A Marie le gustó más la vista desde esta última, pues se encontraba más libre azotada por el viento y pudiendo trasladarse a donde quisiera, mientras que en el obelisco tuvimos que permanecer sentados mientras los mecanismos que hacían girar la cúpula nos iban mostrando automáticamente los diversos puntos de vista durante un tiempo predeterminado.

Al bajar de la Torre Eiffel nos aguardaba una nueva espera en la estación de transferencia situada muy cerca de su base. Cuando al fin llegó nuestro turno, marqué las coordenadas de la estación del Louvre y fuimos a visitar la pirámide de cristal del bicentenario. Sugerí que viésemos también el museo, pero Marie estaba muy cansada y tenía hambre. Comimos en una cafetería próxima y regresamos a casa de Jean dando un paseo, pues no estaba muy lejos, justo al otro lado del río.

Al llegar a su piso me sorprendió ver la puerta abierta pero, suponiendo que Jean estaba a punto de salir o acababa de llegar, hice pasar a Marie y entré tras ella sin ninguna preocupación. En el vestíbulo se encontraban tres desconocidos. Al menos eso me pareció en un principio. Al vernos llegar, uno de ellos se puso en pie y se dirigió a nosotros, mientras preguntaba a uno de sus compañeros:

—¿Son estos, señor Smith?

—Estos son —respondió una voz que me resultaba muy familiar.

El tercer hombre avanzó entonces hacia la puerta, sin duda para cortarnos la retirada. Sentí que la mano de Marie se asía a la mía. Entonces el que había hablado primero se detuvo ante nosotros y dijo:

—¿Es usted el señor Gómez?

—Sí.

—Tienen ustedes que acompañarnos inmediatamente al Ministerio del Interior.

—¿Por qué?

—Eso se lo explicarán allí. Les ruego que no opongan resistencia. Sería inútil.

Yo sabía demasiado bien lo que pasaba. Marmaduke Smith me había delatado por segunda vez.

UNA PROPOSICIÓN INESPERADA

Durante el trayecto hacia el Ministerio del Interior traté de sonsacar algo a los hombres que nos acompañaban, que sin duda eran policías, pero todo fue en vano. No dijeron ni una palabra sobre los cargos de que se nos acusaba. También sugerí que dejaran marchar a Marie, pero se negaron, aduciendo que no tenían autoridad para ello. En consecuencia, dejé de hablarles y traté de tranquilizar a Marie, pero la encontré notablemente calmada.

—No te preocupes —le dije—. Será algún malentendido. Pronto nos pondrán en libertad.

—Si me preocupo es por vosotros, no por mí. No quisiera que os ocurriera algo por haber intentado salvarme. Yo no puedo estar peor de lo que estuve ayer. Mejor dicho —sonrió—, hace tres siglos. Además, aquí no pueden tener nada contra mí. Y si lo tienen, no podrán hacerme nada peor que lo que ya me han hecho. Después de resignarme a la idea de morir en la guillotina, nada me puede asustar.

—Ya no existe la pena de muerte. Además, tenemos una administración de justicia que no suele ser arbitraria. Ya verás como no pasa nada.

Por fin llegamos al Ministerio. Una vez allí, me sorprendió que se nos llevara directamente a presencia del subsecretario de seguridad nacional. ¿Tan importante era nuestro delito? Pronto lo sabríamos.

Los policías que nos acompañaban —Marmaduke Smith no había venido con nosotros— nos hicieron pasar al despacho del subsecretario y se despidieron. Detrás de una mesa enorme estaba sentado un hombre de rostro benévolo, inconfundiblemente francés, de corta estatura y bastante corpulento, aunque más bien en la dirección del exceso de grasa que en la del atleta. A un lado de la mesa se sentaba otro hombre, alto y delgado, de nariz aguileña y rostro decidido. Por último, Jean Moulin estaba allí, con aspecto alterado y muy nervioso.

Al entrar nosotros, el subsecretario se puso en pie y salió a nuestro encuentro, extendiendo la mano hacia Marie.

—¿De modo que esta es la señorita que viene del pasado? Encantado de conocerla.

Miré sorprendido a Jean. Comprendiendo mi muda pregunta, mi amigo dijo:

—Se lo he contado todo.

—Les presento al señor Orlov —dijo el subsecretario, indicando al otro hombre que, al igual que Jean, no se había movido de su asiento. El aludido hizo una leve inclinación de cabeza—. Le he pedido que esté presente porque la cuestión que vamos a discutir le afecta muy de cerca. Yo me llamo Yves Le Courbet.

Parecía un hombre muy afable. Me pregunté si sería una fachada que ocultase un interior de hierro. En cuanto al ruso, permanecía impasible, sin mostrar sentimientos de ningún tipo.

Una vez estuvimos todos sentados, Le Courbet pasó directamente al grano.

—Al parecer, ustedes dos se han metido en un pequeño lío. ¿No es así?

—Ante todo, quisiera saber de qué se nos acusa —respondí—. ¿Qué le ha dicho Marmaduke Smith?

—Tiene usted en ese joven un enemigo peligroso, Gómez —dijo Le Courbet—. Ya me he enterado de que no es la primera vez que le delata. Naturalmente, he hablado con el profesor Lavalle para conocer su versión del caso.

—¿Qué le ha dicho?

—Si no le importa, prefiero no discutir las declaraciones de los demás testigos. Pero quisiera conocer la suya antes de seguir adelante. ¿Por qué no me lo cuenta todo?

—¿Testigos? ¿Declaraciones? ¿Acaso es esto un proceso formal?

—No señor, no lo es. Solo son las primeras investigaciones. Pero permítame que le diga que será mucho mejor que colabore. Estoy dispuesto a creer que han obrado ustedes sin ser plenamente conscientes de lo que hacían. Pero no me pongan dificultades.

—Que yo sepa, no hemos hecho nada malo ni hemos faltado a ninguna norma. ¿Por qué no me dice de una vez cuál es la acusación? Tiene que ser muy importante, para que tome cartas en el asunto el subsecretario del Interior.

—¡Está bien! Puesto que se empeña, se lo diré. La cuestión es mucho más grave de lo que usted cree. A usted y a su amigo se les acusa de poner en peligro la seguridad de la Tierra.

—¡¿Cómo?!

—Lo que ha oído. ¿Quiere hablar, por favor? Si me cuenta toda la verdad, le daré las explicaciones que desee. Pero primero tiene que demostrarme su intención de colaborar con nosotros.

Me rendí. Lo conté todo desde el principio, como acabo de hacerlo en estas páginas. No oculté nada, ni siquiera la fascinación que sentía por Marie, mi obsesión al pensar en su muerte, mi alivio cuando Jean me ofreció salvarla. Durante todo mi relato mantuve la cabeza baja, sin atreverme a mirarla. Tan solo dirigí a veces los ojos hacia Le Courbet y Orlov, para ver cómo se lo tomaban. El subsecretario parecía estar muy interesado por lo que oía. Orlov seguía imperturbable, pero algo en la rigidez de los músculos de su cara me hizo pensar que no se estaba perdiendo una palabra.

Hablé durante más de dos horas. La luz que entraba por los amplios ventanales del despacho comenzó a disminuir, pero nadie se movió. Cuando terminé, estábamos casi sumidos en tinieblas. Me alegré. Así quedaba algo oculta mi vergüenza. Pero el subsecretario presionó un interruptor y se encendieron las luces de la sala. Ni él ni Orlov parecían tener prisa por marcharse y estaban dispuestos a continuar el tiempo que fuera necesario.

Durante algunos minutos, nadie rompió el silencio. Por fin, el subsecretario se aclaró la garganta y dijo:

—Está bien, señor Gómez. Creo que me ha dicho la verdad. Se le tendrá en cuenta.

—¿Quiere ahora explicarme por qué estamos aquí? Que yo sepa, la razón por la que realizamos el experimento en secreto fue para evitar que alguien se adelantara a Jean Moulin en la publicación de sus teorías. ¿No es verdad? —añadí volviéndome hacia mi amigo.

Jean no contestó. Bajó la cabeza y miró fijamente al suelo.

—¿No es verdad? —repetí en voz más alta, nervioso por el silencio de mi compañero.

—Cálmese, señor Gómez —intervino Le Courbet—. Su amigo no va a contestarle, porque sabe muy bien que se había metido en terreno prohibido.

—Pero ¿por qué? ¿Acaso existen campos vedados en la investigación científica? Yo creí que la ciencia era completamente libre.

—No siempre. La manipulación genética de seres humanos, por ejemplo, está estrictamente controlada por el gobierno, para evitar abusos. Ustedes, ciertamente, han abusado.

—Se refiere usted al viaje en el tiempo realizado por Marie...

—Entre otras cosas. Quizá usted no lo supiera, puesto que su especialidad es la Historia y no la Técnica, pero las investigaciones sobre la cronovisión están clasificadas como materia de alto secreto.

—Pero, entonces, ¿por qué se asignó un cronovisor a la cátedra de Historia Contemporánea de la Sorbona?

—Quizá fue un error, pero el profesor Lavalle tiene mucha influencia en las más altas esferas y nos garantizó que todo estaría perfectamente controlado y que no permitiría que nadie se saliera de los límites establecidos. Por eso se aprobó su solicitud.

—Es decir, que toda esa atmósfera de competencia y delación entre los estudiantes se provocó a propósito.

—No sé de qué medios se valió Lavalle para vigilarles a ustedes, pero creo que, excepto en su caso, tuvo éxito. En realidad, él no podía prever la increíble serie de coincidencias que se han dado, la mayor parte de las cuales estaban fuera de su control. Por ejemplo, el hecho de que un amigo de usted estuviera trabajando ilegalmente en los temas prohibidos.

—Pero ¡si está haciendo la tesis bajo la dirección de un profesor de la universidad!

—Ese profesor ya ha sido destituido de su cargo. Al parecer, le faltó capacidad para darse cuenta de las consecuencias y aplicaciones posibles de los estudios teóricos de su alumno. Ni siquiera se le había ocurrido que esas investigaciones tuvieran algo que ver con la cronovisión.

—Y ¿qué razones han tenido para clasificar esas investigaciones como secretas?

—Muchas y muy importantes. No crea que obramos arbitrariamente. En primer lugar, los viajes en el tiempo como el que ustedes han hecho realizar a la señorita deben quedar estrictamente prohibidos. Existe un peligro muy grande de que se provoque una paradoja que no sabemos qué consecuencias podría tener. Quizá la destrucción del universo en que vivimos. En segundo lugar, el uso mismo de los cronovisores es una enorme amenaza para la vida privada, que aún se haría mayor si se llegara a saber que es casi tan fácil construir un cronovisor como un aparato de televisión. ¿Se imagina usted a miles de millones de personas espiando desde sus casas lo que han hecho sus vecinos en el pasado más o menos remoto?

—Todo eso es cierto, lo reconozco. Pero no creo que tengan ustedes éxito en impedir definitivamente la difusión de los cronovisores. Un descubrimiento científico no puede ocultarse. Más pronto o más tarde, otros lo harán de nuevo y ustedes no pueden estar en todas partes a la vez. Además, el futuro es muy largo. Quizá en este mismo momento somos observados por alguien que vive en el siglo XXII, o aún más lejos, y a quien ustedes no pueden controlar.

—Puede que tenga usted razón, pero eso no cambia las cosas. Si yo tengo motivos morales para controlar un descubrimiento científico, debo tratar de hacerlo, aunque esté casi seguro de que fracasaré. De lo contrario, me sentiría responsable de los efectos negativos que produzca. Lo que ocurra en el futuro, cuando yo no puedo impedirlo, no es asunto mío.

—Pero los descubrimientos científicos no son ni buenos ni malos. Solo lo es el uso que se haga de ellos. Solo los actos humanos pueden recibir una calificación moral.

—Cierto. Pero tenga en cuenta que no estamos tratando de eliminar por completo el descubrimiento, sino tan solo de controlar sus aplicaciones, precisamente para evitar esos usos malos que usted menciona, que serían inevitables en la práctica si se difundiera el uso de los cronovisores.

No supe qué contestar a esto. Comprendí que la postura del subsecretario era razonable, aunque no coincidiera con la mía. Comprendí también que él tenía el problema mucho más meditado que yo.

—¿Qué va a ser de nosotros? —pregunté al cabo de un rato.

—Eso debe responderlo Orlov —repuso Le Courbet.

El aludido apoyó las manos en la mesa y se inclinó hacia adelante, mirándome fijamente a los ojos.

—Quizá haya oído hablar de la Misión Marte V —dijo.

Por un momento me quedé confuso. ¿Qué tenía esto que ver con lo que nos había traído aquí?

—Naturalmente, he oído hablar de los diversos intentos de colonización de Marte. Pero tengo entendido que todos han terminado en fracaso.

—Este no. En realidad, apenas ha comenzado. No creo que usted sepa mucho de él, pues se ha llevado a cabo en secreto y hemos conseguido evitar que la prensa haga mención del proyecto. Como usted sabe, después del fracaso de la Misión Marte IV, hace veinte años, la opinión pública se volcó en contra de los enormes gastos que se habían hecho hasta entonces en los intentos de colonización de los otros planetas del sistema solar.

—Sí, he leído algo sobre eso. Entonces, ¿ha comenzado un nuevo intento?

—El definitivo. Las cosas han cambiado enormemente desde la última vez. Por citar un solo avance, piense lo que supondrá disponer de la posibilidad de la transferencia de masas entre los dos planetas.

—¡Pero hace veinte años también existía!

—Sí, pero no era factible a distancias planetarias. Ahora lo es. Por eso hemos resucitado el proyecto.

—Y todo eso, ¿qué tiene que ver con nosotros?

—Espere un momento. Se lo diré. Como la opinión pública está en contra, nos hemos visto obligados a hacerlo en secreto. Pero necesitamos mucha gente para el proyecto. Esta vez vamos a crear un verdadero centro de colonización a gran escala. Sin embargo, no podemos poner un anuncio en la prensa pidiendo voluntarios, porque el secreto se descubriría. No hemos tenido más remedio que recurrir a métodos de reclutamiento menos ortodoxos.

La luz comenzó a hacerse en mi cerebro.

—¿Acaso espera que nosotros vayamos a Marte? ¿Que nos presentemos voluntarios para esa misión imposible?

Orlov miró significativamente a Le Courbet. Comprendiendo el gesto, el subsecretario tomó el relevo:

—Creo que no lo ha comprendido bien. No pedimos que se presenten voluntarios. No tienen ninguna alternativa.

—¿Y si me niego a ir?

—Ya le he dicho que están ustedes acusados de poner en peligro la seguridad de la Tierra.

—¡Pero no pueden condenarnos sin juicio!

—Sí podemos. No es posible enviarles a juicio. Se descubrirían demasiadas cosas que deben permanecer ocultas. Quizá usted lo ignore, pero el gobierno tiene facultades para tomar decisiones drásticas en casos como el suyo.

—¿Saltándose a la torera los derechos humanos?

—No, señor Gómez. Dando preferencia a los derechos humanos de toda la población de la Tierra frente a los de un individuo.

—Es decir, que estamos indefensos.

—Como usted quiera. Pero creo que la oportunidad que le damos no es mala. No se trata de la prisión perpetua incomunicada, sino de la participación en un proyecto único y extraordinario, comparable a la colonización de América, de cuyo descubrimiento vamos a celebrar pronto el sexto centenario.

—Pero yo soy historiador. ¿Para qué puedo servir en Marte?

—Puede usted escribir la historia de la colonización. Además, sin duda aprenderá muy pronto a realizar algún otro trabajo que sea de utilidad a la colonia.

—¿Cuándo debemos partir? —pregunté después de meditar unos segundos.

—Dentro de tres días —respondió Orlov—. Hasta entonces serán ustedes libres para volver con su familia y arreglar sus asuntos. Naturalmente, estarán vigilados, y deben dar su palabra de no mencionar a nadie la cuestión del cronovisor y de los viajes en el tiempo.

—¿Qué será de mi tesis? —preguntó Jean, hablando por segunda vez desde nuestra llegada.

—Lo siento —respondió Le Courbet—. No podrá usted publicarla.

—¡Pero yo he hecho un gran descubrimiento! Si no lo publico, se perderá.

—Escriba un informe completo de todo lo que ha descubierto y entréguemelo. Su nombre constará en los archivos secretos de la cronovisión. No puedo prometerle más.

—¿Qué será de Marie? —pregunté—. Ella no tiene ninguna culpa. No sabe nada de cronovisores ni de viajes en el tiempo. ¿Van a castigarla también?

Le Courbet se dirigió entonces a la muchacha.

—Señorita, su amigo tiene razón. Y para demostrarles que tratamos de hacer justicia, queda usted libre para permanecer en la Tierra o para acompañar a estos dos jóvenes a Marte. No es preciso que me conteste enseguida. Tómese un par de días para pensarlo.

Sentí que de la decisión de Marie dependía todo mi futuro. Con ella, el destierro en Marte podría llegar a hacérseme soportable. Sin ella, me aguardaba el dolor de la separación. Pero la joven no quiso aceptar la oferta del subsecretario y contestó inmediatamente, rompiendo el suspenso que me embargaba.

—¿De qué me serviría quedarme aquí? ¿Cómo podría vivir? No dispongo de medios de vida, no conozco ninguno de los oficios de esta época y las pocas cosas que sé hacer son, probablemente, inútiles.

—El gobierno podría encargarse de usted.

—¿A cambio de qué? ¿De exhibirme en una barraca de feria? ¡Vengan a ver a la mujer que ha viajado en el tiempo, que ha venido del pasado! Me convertiría en una nueva clase de mujer barbuda.

—Sabe usted que su origen tendría que mantenerse oculto.

—¿Durante cuánto tiempo? Además, entre ustedes hay muchos que están en el secreto. No quiero pasar de mano en mano, como un insecto raro que todos desean observar. No señor. Prefiero marchar a Marte con mis amigos, aunque no comprendo muy bien a lo que me expongo. Pero al menos he sacado la impresión de que allí todos seremos iguales, estaremos en las mismas condiciones. Todos seremos extraños, desterrados, empeñados en una dura lucha contra un ambiente hostil. Nada me detiene en la Tierra. Aquí no conozco a nadie más que a estos dos muchachos, que han sido buenos conmigo. Prefiero seguirlos y compartir su destino.

Di un suspiro de alivio al escuchar sus palabras.

Estoy escribiendo a toda prisa estas páginas, para terminarlas antes de que Marie, Jean y yo emprendamos el viaje en la estación de transferencia de materia que nos une con la base provisional de la Misión Marte V. Quiero dejar constancia de lo que ha sucedido. Este manuscrito quedará guardado en un lugar secreto. Tal vez algún día podrá publicarse, aunque solo sea en forma de novela. No quisiera que todo esto se olvidara. Y quizá alguna vez escriba una continuación, relatando nuestras aventuras en Marte. Que sin duda las tendremos. Y que serán tan sorprendentes como las que he contado aquí.

ÍNDICE

Un día en la Sorbona — 5
El cronovisor — 17
En busca de un sueño — 27
Marie — 39
Diario de dos sesiones — 49
Desastre — 61
Un encuentro inesperado — 71
Una nueva esperanza — 81
El experimento — 91
El resultado — 105
Sospecha y diversión — 119
Una proposición inesperada — 129

Vocabulario

acoso: acción y efecto de perseguir una persona o un animal sin tregua.

aguileña: que es delgada y algo corva, a semejanza del pico del águila.

alarido: grito muy fuerte.

amnistía: perdón general de delitos.

arenga: discurso solemne.

arresto: acción y derecho de poner en prisión.

asignar: determinar o fijar lo que corresponde a una persona.

bancarrota: quiebra comercial, en especial a la fraudulencia.

buhardilla: parte más alta de una casa, inmediata al tejado con el techo inclinado.

burla: broma, fingimiento.

cacharros: cualquier recipiente de cocina; objeto inútil.

catódicos: relativo ao cátodo, electrodo negativo.

chispear: llover ligeramente.

codazo: golpe dado con el codo.

codo: articulación del brazo.

despojar: quitar una cosa a una persona con violencia.

desquiciar: hacer con que una persona pierda la serenidad.

doquier: en cualquier parte.

efemérides: acontecimiento notable que se recuerda en su aniversario.

engendrar: dar vida a un nuevo ser.

hallar: encontrar.

jactancioso: que se alaba (vanagloria).

lío: barullo, desorden.

llano: que es sencillo y natural.

marrullería: engaño hecho con disimulo, fingiendo buena intención.

meliflua: que es afectadamente amable.

pañuelo: trozo de papel o tela cuadrado utilizado para limpiarse el sudor, la nariz o para otros usos.

pecoso: persona que tiene pequeñas manchas amarillas en la piel.

pelirroja: que tiene el pelo rojizo (que tira a rojo).

pica: lanza larga.

polvorín: relativo a pólvora.

pupitre: mesa para escribir.

rebosar: salir un líquido por los bordes de un recipiente.

rebuscado: que es complicado y confuso.

rejas: armazón de barras de hierro o de madera.

resbaladizo: que escurre con facilidad.

revuelo: agitación o confusión que se produce por alguna noticia o suceso o por otra causa.

siglo: espacio de cien años.

silla: asiento para solo una persona.

sufragio: manifestación de la voluntad.

tarima: plataforma de madera algo elevada en relación al nivel del suelo.

tartamudo: persona con dificultad para expresarse.

verdugo: persona cruel y sin piedad.

vértigos: trastorno del sentido del equilibrio.

viruela: enfermedad contagiosa que deja marcas en la piel.